Darn o'r Haul
Draw yn Rhywle...

Cofio Dic

Darn o'r Haul
Draw yn Rhywle...

Idris Reynolds

Gomer

Cyhoeddwyd yn 2016 gan
Wasg Gomer, Llandysul, Ceredigion SA44 4JL
www.gomer.co.uk

ISBN 978 1 78562 163 5
Hawlfraint ® Idris Reynolds 2016 ©

Diolch i Phill Davies, i Marian Delyth
ac i Tegwyn Roberts am yr hawl
i ddefnyddio'u lluniau.

Mae Idris Reynolds wedi datgan ei hawl dan
Ddeddf Hawlfreintiau, Dyluniadau a Phatentau 1988
i gael ei gydnabod fel awdur y llyfr hwn.

Cyhoeddir gyda chymorth ariannol
Cyngor Llyfrau Cymru.

Argraffwyd a rhwymwyd yng Nghymru gan
Wasg Gomer, Llandysul, Ceredigion.

Cynnwys

Yn y gân roedd pedwar gynt

Mae'r bardd a'r cerddor yn gefndryd, eneidiau o'r un anian
mewn bro lle mae'r ffiniau yn annelwig a'r llwybrau yn
gorgyffwrdd. Fel ei gilydd, dibynnant ar y glust i glywed
curiadau'r byd o'u cwmpas ac fel aelodau o'r un teulu
bendithiwyd hwy gyda chrebwyll creadigol a all, ar adegau,
droi'r ysbrydoliaeth gychwynnol yn ddarn o gelfyddyd. Ond
er bod y gerdd yn y gwaed a'r cyneddfau cynhenid o fewn y
llinach, mae'r ffactorau sy'n penderfynu pa bryd ac ym mha
fodd yr ymddangosant y tu hwnt i reolaeth ddynol. Pwy a ŵyr
beth a ddaw allan o bair y genynnau?

Mater cymhleth yw etifeddeg a phan ddechreuodd Dic,
crwtyn Tan-yr-eglwys, rigymu ac ennill cystadlaethau barddol,
y cwestiwn ar wefusau'r filltir sgwâr oedd, 'O ble ma' fe'n dod
mas?' Gwyddai'r brodorion nad oedd prydydd o fewn yr ach ar
ochr ei dad – dyn côr a cheffyl oedd hwnnw.

Dim ond dau rigymwr oedd yn y cyffiniau a datblygodd
cryn genfigen broffesiynol rhyngddynt. Daeth y mater i'r wyneb
yn ystod un cynhaeaf gwair cofiadwy. O'i lwyfan breintiedig
ar ben y das, yn wyneb haul a llygad goleuni, datganodd bardd
Pen-mein wrth fardd Tŷ'r Ddôl ac wrth y fedel oll:

> 'D yw bardd Tŷ'r Ddôl ddim bardd yt ôl,
> Mae clopa'i ben yn rhy bell 'nôl,
> A thra bo diffyg ar y brein
> Ni ddaw i sgidie bardd Pen-mein.

Y syndod yw fod y pennill hwn, er ei saled, yn dal ar
gof cenhedlaeth hŷn y plwyfi hyn dri chwarter canrif yn
ddiweddarach. Ond mae'n werth cofio ar yr un pryd mai ar y
perci hyn yr aeddfedodd 'Cynhaeaf' Aberafan.

Bron hanner can milltir ar hyd arfordir Bae Ceredigion tua'r
gogledd ar ochrau Cors Fochno mae fferm Pen-y-graig. Frances
Louise Isaac, merch y lle hwnnw, oedd mam Dic ac yno ar
ddydd Gwener y Groglith, 30 Mawrth 1934 y ganwyd Richard
Lewis Jones. Enwyd ef yn Richard er cof am frawd ei fam a fu
farw yn y Rhyfel Mawr yn Ffrainc. Yno y treuliodd y baban
bach ei bythefnos gyntaf cyn i'w fam ei ddwyn adref i Dan-yr-
eglwys at ei frawd hynaf Goronwy a'u tad. Ac yno, ym mhlwyf
Blaenannerch, yng ngolwg y mwg, yr arhosodd Dic am weddill
ei oes.

Athrawes oedd ei fam ac ar ôl treulio cyfnodau yn dysgu
yn Eglwys-fach, Ceredigion ac yn Nant-gwyn ger Rhaeadr,
symudodd i Ysgol Blaen-porth. Yno cyfarfu â James Alban
Jones, neu Abba fel y'i gelwid, ac o dipyn i beth aeth yn briodas
rhyngddynt. Gwnaethant eu cartref ar y fferm deuluol yn Nhan-
yr-eglwys ac yno y magwyd eu pum plentyn.

Yr oedd mam Dic yn un o ddeuddeg o blant a bu rhaid i
nifer ohonynt adael yr ardal i ennill bywoliaeth. Aeth rhai i'r
Gweithie yn y de, eraill i Loegr ac aeth Dafydd Morgan Isaac
yn 1920 ar y *Mauretania* i'r Amerig. Mae ei enw i'w weld ar y
wal yn Ellis Island. Croesodd Dic a Siân, ei wraig, yr Iwerydd ar
nifer o achlysuron er mwyn ymweld â'r teulu a ymsefydlodd yn
Scranton yn yr Unol Daleithiau a gwelsant yr enw ar fur Ynys y
Breuddwydion. Arhosodd y gweddill yng nghyffiniau Taliesin a
chadwyd gafael ym Mhen-y-graig lle mae Meinir a chenhedlaeth
newydd o Isaaciaid yn dal i ffermio hen diroedd y teulu.

Er mai dim ond corn simdde'r ffermdy sydd yng ngolwg
yr A487, byddai Dic bob amser yn troi ei lygaid tua'r cyfeiriad
hwnnw wrth yrru i fyny ac yn ôl o'r gogledd. Yn blentyn
treuliodd wyliau hapus yno gan ddod yn ffrindiau gyda
John Hefin a Geraint Evans, meibion Huw Evans, ysgolfeistr
Llangynfelyn. Bu Dic yn ddisgybl am dymor yn yr ysgol honno
gan i'w fam dybio ei fod ychydig yn wan ei iechyd ac y gwnâi
newid aer les iddo. Dyma ddywedodd pan fu'r ysgol yn dathlu
ei chanmlwyddiant:

> Mae ar fin y figin fawr
> Henllwyd ysgoldy unllawr,
> Lle bu canrif o rifo
> Yn nesgiau brwd addysg bro,
> A darllen a sgrifennu
> Yn ddi-fwlch o'r dyddiau fu.

Mae perygl fod y cyfnod hwnnw ar fin dod i ben gan fod
dyfodol yr ysgol dan fygythiad.

Yr oedd yr Isaaciaid yn deulu diwylliedig a bu chwaer ei fam,
Kate, yn athrawes yn Nhaliesin am ddeugain mlynedd. Cafodd
Dic gyfle i'w chyfarch hi ar gân ar lawer achlysur, fel yr un a
weithiodd iddi ar ei phen-blwydd yn ddeg a phedwar ugain:

> A fagwyd ar y figin – a bwrw oes
> Yn ei bro gynefin
> Mae Duges Tre Taliesin
> Yn iau na'i hoed fel hen win.

Dilynwyd hi i'r ysgol honno fel athrawes gan ei nith, Myfanwy
Rowlands, a chafodd chwaer Myfanwy, Tegwen Kettle, ei

hanrhydeddu gan yr Orsedd am ei gwasanaeth dros y Gymraeg yn ei thref fabwysiedig, Stoke-on-Trent. Tegwen gafodd y fraint, fel Tegwen o'r Creunant, o dywys ei chefnder Dic i'r Cylch pan urddwyd ef yn Archdderwydd Cymru yn y Bala yn 2008.

Aelod arall o deulu'r Isaaciaid a adawodd ei ôl ar y byd llenyddol oedd Evan Isaac, awdur *Coelion Cymru*. Ymhlith ei gyfrolau eraill mae *Prif Emynwyr Cymru*, *Humphrey Jones a Diwygiad '59* a *Yr Hen Gyrnol*. Yn ogystal, yr oedd Tom Macdonald, awdur *Y Tincer Tlawd*, yn perthyn drwy briodas ac mae'n debyg bod sawl trempyn wedi mynychu angladd mam-gu Dic fel arwydd o barch iddi gan na fyddai yr un crwydryn yn gadael Pen-y-graig heb rywbeth i'w fwyta.

Yr oedd sôn ymhlith y teulu, er nad oes tystiolaeth bendant i'r perwyl, fod Ieuan Brydydd Hir, neu Ieuan Fardd fel y'i gelwid weithiau, rywle yn yr achau. Mae'n eithaf posibl fod sail i'r stori gan fod yr offeiriad, y bardd crwydrol a'r ysgolhaig o'r ddeunawfed ganrif, fel mam-gu Dic, yn hanu o Ledrod. Tybed ai dilyn ei lwybrau ef fel cywyddwr a bardd teithiol a wnaeth Dic?

Ar y llaw arall, gellir olrhain genynnau canu Dic yn ôl i'r ddwy ochr. Yr oedd ei fam yn bianydd medrus, a'i dad Abba yn gerddor hyd flaenau ei fysedd. Bu'n gyfeilydd yn un ar bymtheg oed i gôr Tre-main yn y cyfnod cyn dechrau'r Ail Ryfel Byd. Chwarae o'r glust a wnâi ac mae'n debyg y gallai fynd drwy'r *Meseia* gan Handel heb unrhyw gopi. Pan ddychwelodd ychydig normalrwydd i fywyd ar ôl y rhyfel, aeth Abba ati i godi côr. Bu Côr Blaen-porth yn gôr cymysg am ddwy flynedd o'r cychwyn yn 1945, ond oherwydd rhai problemau mewnol diflannodd y gwragedd a sefydlwyd Côr Meibion Blaen-porth. O dan faton Abba chwyddodd y gân a'r niferoedd:

Dewch gyda mi, a'r nos yn hir,
Heno i'r hen ysgoldy,
Lle llywiodd Gwendraeth bastwn gynt
Mae yno gôr yn canu,
A'r llaw a fu'n gwastrodi nwyd
Rebelus yr ebolion
Sy heno'n dal ysgawnach ffon
I ledio'r 'Pererinion'.

Cafwyd buddugoliaethau niferus gyda'r llu cwpanau a
thariannau sy'n amgylchynu'r côr mewn llun cynnar yn dyst
o'r llwyddiant. Un o'r nosweithiau mawr oedd honno yn
Aberystwyth pryd y llwyddwyd i guro corau'r Gweithie o'r de
yn y *Test Concert*. Cofia Dic am yr orchest honno gyda balchder
yn y gerdd goffa i'w dad:

A chodi'r gân yn iach drachefn
Yn donnau at ei diwedd
Ac anodd dweud ai'r côr ai 'nhad
Sy uchaf ei orfoledd.

Bu Dic yn aelod ffyddlon o'r côr o'r dechrau tan iddo fethu
yn y misoedd olaf ac aeth ymarfer côr nos Fercher yn ysgol
Blaen-porth, cyn symud ymlaen i ymarfer ymhellach ym Mar
Bach y Gogerddan, yn rhan o'i amserlen wythnosol. Erbyn
hyn heneiddiodd yr aelodaeth a gostyngodd y niferoedd, ac
fel y gymdeithas o'i gwmpas Seisnigodd y côr i ryw raddau.
Lleihau wnaeth nifer y cwpanau, ond nid yw hynny'n syndod
gan nad ydynt yn cystadlu fawr bellach. Er hynny, o dan
arweinyddiaeth Denis Clack, maent yn dal i ganu a difyrru eu

cynulleidfa draddodiadol mewn digwyddiadau lleol. Maent wedi cynnal cyngerdd blynyddol yn neuadd Sarnau yn ddi-ffael dros gyfnod o ryw drigain mlynedd ac wedi difyrru deiliaid mewn llawer Bodlondeb ar hyd y fro ar adeg y Nadolig. Daliant i deithio dramor ac un o'r breintiau mwyaf a gawsant oedd cael gwahoddiad i fod y rhan o'r dathliadau swyddogol yn Gibraltar pan agorwyd y ffin â Sbaen. Ar achlysuron fel hyn Dic fyddai'r llefarydd swyddogol – a'r bardd llys. Byddai'n rhan ganolog o'r holl rialtwch – o'i roi yn ieithwedd byd chwaraeon, yr oedd yn deithiwr da.

Mae gan yr arlunydd Aneurin Jones ddarlun o aelodau côr meibion yn ymarfer yn eu dillad gwaith. Maent yn ei morio hi gyda phob llygad ar yr arweinydd anweledig. Bu Aneurin yn aelod o gôr Blaen-porth ac nid yw'n syndod felly fod ambell i wyneb cyfarwydd yn y paentiad. Mae'n ddarlun pwerus gan fod yr artist wedi diriaethu gwarineb 'un llef pedwar llais' Waldo ar gynfas; mae'n ddelwedd o'r grym cymdeithasol sy'n cymell y ddynoliaeth i ddod at ei gilydd ar noson waith i greu cytgord mewn byd aflafar. Gall y gân weithiau fod yn fwy na sgôr y nodau a phrofwyd hynny i'r byw yng nghwrdd coffa Dic. Y prynhawn hwnnw rhagorodd y côr arno'i hunan, gyda Rob Nicholls yn cyfeilio, wrth ganu ei ffarwél olaf i'r ffyddlonaf o'r aelodau.

Yr un mor gofiadwy oedd teyrnged ffyddloniaid tafarn yr Hope, sydd wedi'i lleoli yn groes i'r ffordd i gapel y Tabernacl yn Aberteifi. Y diwrnod hwnnw yr oeddent yno, fel gosgordd, tu allan i'r dafarn yn eu dillad parch mewn crysau gwynion a thei ddu wrth i'r teulu gyrraedd y gwasanaeth coffa. Yr un oedd y stori mewn tafarndai eraill gyda thref gyfan mewn galar. Mae'n enghraifft o'r pŵer emosiynol a gawsai canu Dic ar bobl, y pŵer hwnnw a ddisgrifiwyd gan Wordsworth fel, 'the still sad music of humanity, not harsh nor grating, though of ample power to chasten and subdue'.

Mae'n syndod mor fynych y bydd y bardd a'r cerddor yn un. Yr oedd bît ei fandiau cerddorol yn canu drwy gerddi y diweddar Iwan Llwyd ac mae nifer o feirdd eraill megis Twm Morys, Geraint Jarman, Llion Jones a Llŷr Gwyn Lewis yn tiwnio'u hawen i draw gitâr eu cyd-gerddorion o fewn y grŵp, a bu Gruffudd Antur yn aelod o fand pres. Cyfansoddodd Menna Elfyn fwy nag un opereta ac mae cantorion amlwg fel Caryl Parry Jones, Gwyneth Glyn, Dafydd Iwan, Geraint Lovgreen a Dewi Pws yn hollol gartrefol ar lawr y talwrn. Gwelir wynebau cyfarwydd megis Ceri Wyn Jones, Tudur Dylan, Emyr Davies, Rhys Dafis, Dafydd John Pritchard, Emlyn Davies ac Eurig Salisbury ymysg rhengoedd ein corau. Yr oedd Alun Cilie, athro barddol Dic, yn ganwr wrth reddf ac ef a fyddai'n arwain y canu, boed hynny mewn capel neu dafarn. Meddai Dic ar lais persain a chymerai ei le ymysg yr ail denoriaid, y cantorion hynny nad ydynt byth yn tynnu sylw ond sydd yn rhan anhepgor o unrhyw gôr gwerth ei halen. Yr oedd ei glust yn fain a'i nodyn yn sicr. Bu'n aelod hefyd o bedwarawd a grwydrai eisteddfodau Dyfed tua chanol y ganrif a aeth heibio. Y tri arall oedd Gerwyn Richards, Gwynfor Harries ac Iwan Davies, neu Chick fel y'i hadnabyddir yn y cyffiniau hyn. Gerwyn oedd y cyntaf i'n gadael ac fel y dywedodd Dic yn ei englynion coffa:

> Yn y gân roedd pedwar gynt,
> Y tro hwn tri ohonynt.

Chwith yw sylweddoli ein bod bellach i lawr i ddau.

Yr oedd yn aelod o'r pedwarawd o dan ddeunaw oed o Aberporth a enillodd y wobr gyntaf am ganu 'Y Fam a'i Baban' yn Eisteddfod Genedlaethol yr Urdd yn Abergwaun yn 1951. Ei chwaer Rhiannon, Alun Tegryn Davies a Beryl, a ddaeth yn ddiweddarach yn wraig i Iwan, oedd y tri arall. Hudodd eu harmoni pedwar llais y gynulleidfa a'r beirniad, Mrs W. W. Davies, a chawsant gant allan o gant o farciau ganddi. Pan gafwyd y feirniadaeth ysgrifenedig, dim ond un gair oedd ar y papur, sef 'Perffaith'.

Fel aelod o Gôr Blaen-porth bu gofyn ar Dic, o dro i dro, i ddarparu caneuon newydd iddynt er mwyn ymestyn y rhaglen. Mae ysgrifennu geiriau i'w canu yn dasg sy'n galw am gyfuniad o ddoniau'r bardd a'r cerddor. Rhaid sicrhau bod y cyfanwaith yn ganadwy a bod acenion yr ystyr yn gorwedd yn hapus o fewn gofynion y donyddiaeth. Un o ffefrynnau'r côr yw'r gân i dafarn enwog Bessie yng Nghwm Gwaun. Lluniwyd hi ar batrwm y caneuon yfed Almaenig ac mae'n debyg iddi gael ei chyfansoddi dros ddau neu dri pheint yn nhafarn y Gogerddan un noson wedi ymarfer côr:

> Dewch i gyd am noson hwyliog lawr i'r Dyffryn yng
> > Nghwm Gweun
> Ac i fyny dros y mini, i'r tŷ tafarn heb un sein
> Lle mae'r cwrw yn bleserus, yn ddansierus ac yn ffein
> Ac yn foddion codi'r galon ond yn whare'r bêr a'r brein
> Ond y mae e'n gwrw ffein.
>
> Bydd ymwelwyr o Almaenwyr ac o bedwar ban y byd,
> A sawl Cymro o Shir Bemro yn gysurus yno 'nghyd
> Yn cael samplo'r ddiod gadarn mewn tŷ tafarn o'r hen fyd,
> Mewn tŷ tafarn o'r hen fyd.

Tra bo Bessie yn teyrnasu
Yn y ffenest gyda gwên, ac yn estyn am y stên,
Hawdd i'r dydd gael mynd yn angof ac i'r nos gael mynd
yn hen.

Fe gewch flasu'r cwmni difyr, fe gewch glonc a chanu cân,
Fe gewch dablen i'ch cynhesu tra bo Bessie'n pocro'r tân.
Drwy holl Gymru'n ddiwahân
Dyma'r unig fan ble cewch-chi Fochyn Du a Chalon Lân.
Dewch i uno yn y gân.

Yr oedd Dic yn hoff iawn o ogledd Penfro a'i phobl.
Tebyg bod hen gyfeillgarwch yn deillio o'r adeg pan fyddai
aelwydydd Aber-porth a Chrymych yn mynd benben â'i
gilydd ar lwyfannau'r Urdd, yn enwedig ym mhumdegau'r
ganrif ddiwethaf. Byddai wrth ei fodd yn galw yn y Dyffryn
i gael peint o Bass Bessie. Cofiai'n aml am y tro y galwodd ef
a Siân yno. Diod Siân ar y pryd oedd gwin dialcohol o'r enw
Iceberg a gwyddai Dic mai ychydig iawn o dafarnau'r fro a
gadwai stoc ohono. Fel mater o ffasiwn gofynnodd Dic i Bessie
a oedd Iceberg ganddi. Cafodd gryn sioc pan atebodd 'Wes, af
i'w hôl o'r ffridj.' Wedi iddi ddiflannu i'r cefn sylwodd Dic fod
un o ffyddloniaid y bar yn cael pwl bach tawel o chwerthin.
Gan synhwyro rhyw ddrwg yn y caws gofynnodd iddo, "Sdim
Iceberg 'da hi?' Atebodd y cwsmer, 'Wes. Ond 'sdim ffridj 'na.'
　　Yr oedd canu yn fodd i fyw i blant Tan-yr-eglwys. Er bod
Goronwy, y mab hynaf, wedi gadael yr ardal yn ifanc a threulio
ei oes fel peiriannydd yn Cheddington yn Swydd Buckingham,
aeth â'i organ geg a'i acordion gydag ef i Loegr. Ac fel Dic byddai
wrth ei fodd yn rhoi tôn ar yr hen fowth-organ i gofio'r amser

gynt. Mae cof da gan ei gyfnither, Myfanwy, am noson pan oedd hi a'i chwaer Tegwen, ynghyd â Dic a Goronwy, ar wyliau ym Mhen-y-graig. Un o reolau'r tŷ oedd fod y plant i gyd i fod i mewn erbyn naw o'r gloch, ond y noson honno nid oedd sôn am y ddau frawd. Yn y diwedd gwirfoddolodd tad Myfanwy i fynd i chwilio amdanynt a'u cael y tu allan i hen dafarn y Commercial lle'r oedd Dic yn canu i gyfeiliant organ geg Goronwy gyda chap ar y llawr i dderbyn yr arian. Fe'u tywyswyd yn ôl tua thre gan y tad ond bu'n ddigon doeth i beidio â manylu'n ormodol am eu hynt a'u helynt gyda phenteulu parchus Pen-y-graig. Nid oes ryfedd fod greddf y bysgar yng ngwaed Delyth Wyn, merch Dic.

Soniwyd eisoes am un o chwiorydd Dic, Rhiannon Sanders, gyda'i chant allan o gant yn Abergwaun. Mae'n dal i ganu ac roedd yn aelod o Gôr Pensiynwyr Aberteifi tan i hwnnw ddod i ben. Ei chwaer, Margaret Daniel, oedd arweinydd olaf y côr a fu'n bresenoldeb cyson ar lwyfan yr Eisteddfod Genedlaethol am nifer o flynyddoedd. Yr oedd Dic yn aelod a bu raid iddo, yn Eisteddfod Caerdydd, ddiosg gwisg yr Archdderwydd yn gyflym er mwyn cymryd ei le wrth ochr yr aelodau eraill ar y llwyfan. Ennill neu golli, byddai cystadlu yn erbyn corau fel Pontarddulais a'r Mochyn Du yn sicr o godi'r safon a thwymo'r gwaed. Byddai wythnos y Genedlaethol a'r misoedd cyn hynny yn amser prysur i Margaret gan fod ganddi gôr arall i'w hyfforddi a'i arwain, sef Merched Bro Nest. Maent hwythau, gyda'u lleisiau iau, yn enillwyr cyson yn ein gŵyl genedlaethol.

Oherwydd galwadau gwaith ei gŵr, Brian, bu Margaret yn byw dramor am flynyddoedd. Ond ers iddi ddychwelyd i'r ardal gwnaeth waith mawr yno. Ar wahân i arwain dau gôr llwyddiannus bu'n dysgu cerddoriaeth mewn ysgolion, yn hyfforddi cystadleuwyr, yn beirniadu mewn eisteddfodau ac yn arwain cymanfaoedd ar ddwy ochr yr Iwerydd. O ganlyniad, cafodd ei hanrhydeddu gan yr Orsedd am ei chyfraniad i'r byd cerddorol.

Roedd y chwaer ieuengaf, Mary, hefyd yn aelod o Gôr Pensiynwyr Aberteifi, ac yn ystod y cyfnod diweddaraf byddai pedwar o blant Tan-yr-eglwys yn ymddangos ar lwyfan y Genedlaethol yn ystod cystadleuaeth y corau llai eu nifer. Fel llawer o gantorion mae Mary wedi bod yn aelod o sawl côr gan gynnwys Merched Bro Nest, Crymych, Côr Dyfed a Chôr y BBC. Mae ganddi hithau CV nodedig ym myd y gân.

Os oedd Tan-yr-eglwys yn aelwyd gerddorol, yr oedd yr un peth yn wir am yr Hendre. Yr oedd Siân, gwraig Dic, yn rhan o nifer o fuddugoliaethau Aelwyd Aber-porth ar lwyfannau'r Urdd a throsglwyddwyd genynnau cerdd y ddwy ochr i'r plant. Daeth y ferch hynaf, Delyth Wyn, yn wyneb a llais cyfarwydd ar y cyfryngau fel actores yn yr opera sebon hirhoedlog *Pobol y Cwm* ac mewn cyfresi poblogaidd megis *Y Palmant Aur* ac *Alys*. Ffurfiodd hi'r grŵp pop Radwm gyda Dewi Pws, Helen Blackburn a Joe Caswell ac mae'n dal wrth ei bodd yn taro sawdl i gyfeiliant ei phiano-acordion.

Canu corawl sy'n mynd â bryd yr ail ferch, Rhian Medi, ac mae ganddi bellach gôr newydd i'w hyfforddi, sef Côr Clwb Rygbi Aberteifi, ac mae'r bechgyn yn dechrau cael blas ar gystadlu ar y llwyfan yn ogystal ag ar y cae. Canwr traddodiadol yw Dafydd Dyfed, y mab hynaf – gŵr y corau meibion mawr ydyw. Bwriodd ei brentisiaeth yn ifanc yng nghôr Blaen-porth cyn symud ymlaen at gorau Llanelli a Phontarddulais. Deil, er hynny, i ddychwelyd i rengoedd Blaen-porth pan fo angen a chyfle. Mae yn aelod ffyddlon o Ar Ôl Tri sydd wedi bod yn enillwyr cyson yn yr Eisteddfod Genedlaethol ac mae'n werth nodi fod arweinydd y côr hwnnw, Wyn Lewis, yn arddel perthynas agos â theulu Tan-yr-eglwys. Un o blant teulu Tre-prior yw Wyn ac un o ferched Tre-prior oedd mam-gu Dic. Milfeddyg ydyw sydd wedi llwyddo, heb fawr ddim addysg ffurfiol mewn cerddoriaeth, i sefydlu côr o safon uchel. Bron na ellid dweud ei fod yn Abba Jones arall.

Er nad yw Tristan Lewis, y mab ieuengaf wedi ymuno â chôr mae ganddo lais swynol a bu'n cymryd rhan, fel gweddill y teulu, yn sioeau cerd Ysgol Uwchradd Aberteifi. Yn ei hunangofiant mae Brychan Llŷr yn talu teyrnged ddyledus i'w athro Saesneg, Dafydd Wyn Jones, tad y Prifardd Ceri Wyn, am gyfarwyddo cynifer ohonynt. Pleser o'r mwyaf i Brychan oedd cymryd rhan mewn rhai o operetas Gilbert a Sullivan yn y sioeau Nadolig. Er hynny, mae'n cyfaddef nas denwyd ef erioed at unrhyw weithgaredd eisteddfodol.

Gadewais Brychan tan y diwedd gan ei fod yn wahanol i'r gweddill. Canu'n glasurol a wnânt hwy tra bo Brychan wedi mynd ati i ymestyn y ffiniau. Tua chanol yr wythdegau aeth pedwar crwt o ysgol Aberteifi, sef Emyr Pen-lan, Chris Lewis, Rhodri Bowen a Brychan, ati i ffurfio band cerddorol o'r enw Jess. Yn ystod y ddeng mlynedd ddilynol enillodd y grŵp ei le fel un o brif fandiau y sin gerddorol yng Nghymru. Canent yn Gymraeg ac yn Saesneg a theithient yn helaeth drwy Gymru a Lloegr ac Ewrop. Buont yn yr Eidal ar sawl achlysur lle'r oeddent yn boblogaidd iawn. Yn 1995 chwalodd y grŵp, ac yntau yn ei anterth, gan ailddechrau fel The Poets of Justice gyda Mike Peters, o'r Alarm gynt, fel prif leisydd. Ond nid oedd yr un boddhad i Brychan o dan y drefn newydd. Dim ond gitarydd ydoedd bellach, yn hytrach na phrif leisydd, a gadawodd yn fuan wedi hynny.

Gwyddai Dic fod gan Brychan, yn fwy nag un o'r plant eraill, lais cyfoethog a buasai ef a Siân yn falch pe bai'n gwneud rheitiach defnydd ohono. Buasent wedi hoffi ei weld yn cael hyfforddiant proffesiynol yn y gobaith o ennill bywoliaeth fel canwr clasurol. Ond nid oedd hynny yn rhan o fwriad Brychan. Er hynny, testun llawenydd i'w fam oedd gweld ei mab yn canu deuawd gyda Bryn Terfel ar un o sioeau Nadolig S4C yn 2014 – gwahanol iawn i'r profiad o'i ddyddiau canu pop pan rannodd lwyfan gydag U2 a Bob Dylan.

Ni fyddai arddull Jess yn apelio at chwaeth gerddorol Dic ychwaith. Ymfalchïai yn llwyddiant ei fab, er y buasai, fel y cyfaddefodd, yn well ganddo pe bai 'yn canu'n deidi'. Gwyddai nad oedd Brychan wedi cael unrhyw hyfforddiant ffurfiol mewn cerddoriaeth. Yr oedd y dosbarthiadau tonic sol-ffa wedi hen fynd allan o ffasiwn a go brin y byddai wedi dod i fawr o gyswllt â'r hen nodiant yn Ysgol Uwchradd Aberteifi. Y glust, felly, fyddai ei unig ganllaw yn y byd cerddorol.

Yr oedd hyn yn dipyn o ddirgelwch i Dic ac o ran chwilfrydedd gofynnodd i Brychan a oedd ef yn medru darllen cerddoriaeth ai peidio. Edrychodd Brychan yn syn arno, heb efallai lwyr ddeall pwynt y cwestiwn, cyn ateb yn reddfol, 'Canu, nid darllen cerddoriaeth, wyt ti'n wneud.' Teimlai'r tad fod y mab wedi taro'r hoelen ar ei phen. Canu cerddoriaeth a wneir ac, yn yr un modd, clywed cynghanedd a wna'r cywyddwr. Nid ar bapur mae canu na chynganeddu.

Fel y rhan fwyaf o laslanciau cafodd Brychan ei gyfnod o herio'r drefn. Byddai ei wallt gwyllt, ei wisg wahanol a'r fodrwy drwy'r trwyn yn destun syndod i rai o drigolion Blaenannerch. Ond cofiai Dic ei fod yntau, fel Brychan, wedi gwrthryfela yn erbyn safonau ei dad. Nid yr un oedd eu 'pethe' hwythau, na'u chwaeth. Yn y gerdd 'Dwy Awen', cywydd y tad a'r mab, tanlinellir y gwahaniaethau. Wrth ddilyn y llinyn etifeddol drwy'r cenedlaethau gwelwn mai'r gân sy'n eu gwahanu yw'r un sydd yn eu huno hefyd. Mae'n werth dyfynnu'r cywydd yn ei gyfanrwydd am ddau reswm. Yn gyntaf, mae'n taflu golau ar y berthynas bersonol a chelfyddydol a fodolai rhwng Brychan a'i dad. Ac yn ail, ni welir y cywydd hwn yn un o'r saith gyfrol o farddoniaeth a gyhoeddodd Dic nac, o ganlyniad, yng nghasgliad Ceri Wyn Jones *Cerddi Dic yr Hendre*. Gwelwyd y cywydd am y tro cyntaf ar dudalennau'r cylchgrawn *Golwg* ac yna, mwy na thebyg, anghofiodd Dic amdano pan aeth ati i chwilio am ddeunydd ar gyfer ei gyfrol nesaf gan y gallai fod yn weddol ddibris o'i waith ei hun ar adegau. Mae'n anodd meddwl am unrhyw reswm arall dros ei hepgor:

> Mae mab nad wy'n ei nabod
> I'm haelwyd i wedi dod.
> Mae ei lais ers deunaw mlwydd
> A'i eiriau yn gyfarwydd,
> Ei olwg fel y teulu
> A'i wedd a'i deip o'r ddau du.
> Cnwd o had ein cnawd ydyw
> Eithr i ni dieithryn yw.
>
> Y gân sy'n ein gwahanu
> A'r gitâr sy'n rhwygo'r tŷ.
> Y canu pop yw popeth,
> Byddaru pawb iddo yw'r peth
> Ers tro mewn idiom na all
> Dyn na dewin ei deall.

Ei gân ef nid da gen i,
Ni ry gordd fawr o gerddi;
Diraen fydru anfedrus
Awen bardd rheffyn pen bys.
Nid yr un ydyw'r heniaith
Na'i cherddi na'i chwerthin chwaith.

Ond onid yw dawn ei daid
I ynganu ing enaid
Ynddo ef yn rym hefyd,
Yn ddiléit a ddeil o hyd?
Onid llais di-hid y llanc
Yw tafod y to ifanc?
Onid ef yw oesol dôn
Gofidiau ei gyfoedion,
A bardd mawl eu byrddau medd,
A'u hirfelyn orfoledd.

Y gerdd sydd yn ei gorddi,
Ei fywyd ef ydyw hi.
Yr un yw'r reddf a'r hen raid
Sy'n annos yn ei enaid.
Stiff iawn yw fy stwff innau
Iddo ef, y mae'n ddi-au,
Rhyw alaw dlawd a di-liw,
Anaddas i ni heddiw,
Heb na bît buan na bas,
Na berw diembaras,
Hytrach yn geriatrig
A rhy sgwâr wrth gwrs i gìg.

Hen reffynnau'r gorffennol
Sy'n dal ein hardal yn ôl.
Dwy awen nad yw'n deall
Y naill un felystra'r llall.

Digon tebyg fu gwasgfâu
Y taid gynt a'u gyw yntau.
Difenwai 'nhad f'awen i
Ac a'i rhwygai a'i rhegi.
Beth oedd rhygnu'r mydru mau
Wrth ragoriaeth rhyw gorau,
Neu ymhél â chŵn hela,
Neu hwyl â phêl wrth sol-ffa?

Pawb a'i gryman amdani
'N hanes pawb sy' pia hi.
Y cnwd gwallt, caned ei gerdd
Yn ei iengoed a'i angerdd,
Fe ddaw y taw ar gitâr
Y gwanwyn yn rhy gynnar.

Mynegwyd gwirioneddau oesol yn y cywydd hwn ac mae Dic yn siarad dros Brychan a throsto'i hunan, a thros bawb ohonom yn y pennill olaf.

Byddai Dic yn aml yn sôn fel y byddai ambell i gynneddf deuluol yn neidio cenhedlaeth cyn ailymddangos yn y nesaf. Er enghraifft ni etifeddodd Dic ddiddordeb ysol ei dad mewn marchogaeth ceffylau ond fe'i trosglwyddwyd i Brychan. Yr oedd Abba wedi marw ymhell cyn i Brychan gael ei eni, felly ni fu unrhyw ddylanwad uniongyrchol. Yr oedd gweld Brychan ar

y teledu yn dysgu marchogaeth pwynt-i-bwynt yn dwyn i gof
y llun a geir o Abba ar gefn Rob Roy yn clirio'r glwyd yn sioe
Aberteifi ddwy genhedlaeth ynghynt. Dyma ymateb T. Llew
Jones i'r gyfres deledu *Ar Garlam*:

> Mae Brychan yn wahanol, – yn ei waed
>   Mae'i deidiau'n ymorol;
> Dwyn hen elfen adre'n ôl
> Wna ŵyr Abba a'r ebol.

Yr oedd T. Llew Jones yn un o gyfeillion pennaf Dic a chawn
ymdrin eto â'i ddylanwad arno fel bardd. Ond fan hyn wrth
drin y berthynas rhwng y bardd a'r cerddor, mae'n werth cofio
mai un o hanfodion darn o farddoniaeth i T. Llew, ac i Dic,
oedd ei fod 'yn canu'.

Y diléit – a dal ati

Mae gan y Saeson ymadrodd, 'nature or nurture'. Ai'r doniau cynhenid ynteu'r hyfforddiant yw'r grym llywodraethol yn y broses o feithrin talent i'w llawn dwf? Yn sicr, gall hyfforddiant da roi min ychwanegol ar ddoniau gweddol gyffredin ond ni all ymarfer na chyfarwyddo di-ben-draw droi'r unigolyn hwnnw yn bencampwr. Ar y llaw arall, gall hyfforddi gwael ddifetha talent sylweddol fel sydd yn digwydd yn gyson ar y meysydd chwarae. Byddai eraill yn dadlau fod y sawl a freintiwyd â doniau disglair yn mynd i wneud ei farc, doed a ddelo. Yn hyn o beth, bu Dic yn ffodus ar y ddwy ochr. Etifeddodd yn helaeth o'r genynnau artistig a chafodd bobl i'w dywys ar hyd llwybrau a'i galluogodd i wneud yn fawr o'i ddoniau ac i ddarganfod ei lais ei hun.

Er mai'r genynnau etifeddol sydd yn llywio'n datblygiad a sefydlu pwy ydym, mae ffactorau allanol sy'n chwarae rhan bwysig yn y broses o fapio'r daith a mowldio'r cymeriad. Rhagluniaeth fyddai gair diwinyddwyr y Diwygiad Methodistaidd am y dylanwadau hyn ac unwaith eto, mae'r ffenomenon hon y tu hwnt i reolaeth dyn.

Damwain a hap oedd hi fod eglwysi Bryn-Mair a Biwla wedi penderfynu rhoi galwad i'r Parchedig a Mrs Tegryn Davies i ddod yn weinidog a gwraig gweinidog iddynt. Mater o siawns oedd iddynt dderbyn y gwahoddiad a dod i odre Ceredigion yn hytrach na throi eu golygon at ryw ofalaeth arall. Soniaf amdanynt fel gweinidog a gwraig gweinidog yn fwriadol gan iddynt ddod at y gwaith fel pâr. Ni fyddai ef byth yn cyfeirio at ei wraig fel Mrs Davies nac wrth ei henw bedydd, ond yn hytrach fel 'Hi', ac fe'u hadnabyddid yn lleol fel Fe a Hi. Ac er mai Fe a fyddai'n cael y gyflog, yr oedd Hi hefyd yn rhan anhepgor o'r alwad. Yr oeddent yn rhannu swydd i bob pwrpas ymhell cyn i'r arfer ddod yn ffasiynol.

Yn ystod yr 1940au aeth y ddau ati i sefydlu Aelwyd yr Urdd yn Aber-porth. Yr oedd y rhyfel newydd orffen ac yr oedd rhyw ysbryd newydd i'w deimlo yn y gymdogaeth. Ar ôl dyddiau blin y blacowt manteisiodd ieuenctid yr ardal ar y cyfle i gymdeithasu, a thyrrent yn heidiau o gylch eang i ymaelodi yn yr Aelwyd newydd. Er mai gweinidog gyda'r Annibynwyr oedd Tegryn Davies yr oedd croeso yno i bawb yn ddiwahân, a hynny mewn cyfnod pan oedd enwadaeth yn dipyn pwysicach nag yw heddiw. Mae'n arwyddocaol iddo ddewis y Caban Pren yn y pentre fel man cyfarfod anenwadol yn hytrach na festri Bryn-Mair.

Fel pob ardal arall meddai Aber-porth ar ei chyfran o blant talentog. Wrth gystadlu gyda ac yn erbyn ei gilydd byddai'r rhai galluocaf yn gosod y safon a'r gweddill yn ymgyrchu tuag at y nod hwnnw. O dan hyfforddiant y ddau arweinydd datblygwyd y talentau hyn wrth i Aelwyd Aber-porth wneud ei marc yn eisteddfodau'r Urdd. Yr oeddynt yn enillwyr cyson ar y llwyfan cenedlaethol. Hwy oedd Glanaethwy neu Waun Ddyfal y cyfnod a bu'r cyfle i deithio Cymru a pherfformio ar lwyfan cenedlaethol yn brofiad amhrisiadwy i'r bobl ifanc.

Ar y pryd yr oedd yr ardaloedd yn fwrlwm o ganu ac adrodd. Cynhelid tri chyfarfod cystadleuol yn flynyddol yn Aber-porth a byddai eisteddfodau mewn pentrefi cyfagos megis Bryngwenith, Bryn-gwyn, Rhydlewis, Caerwedros a Chenarth. Ar ben hynny yr oedd cyfnod y Cyngherddau Cysegredig yn ei hanterth lle byddai sêr cenedlaethol megis David Lloyd a Richie Thomas yn perfformio. O ganlyniad, byddai'r diwylliant yn gorlifo i'r tafarndai lle byddai'r hen ffefrynnau yn cael eu hailganu gydag arddeliad. Yn y fro hon, gyda'i bwrlwm o fywyd diwylliannol, y datblygodd talentau Dic.

Wrth gystadlu yn rhan o barti cerdd dant y daeth Dic ar draws y gynghanedd am y tro cyntaf. Detholiad allan o awdl foliant 'Y Glöwr' gan Gwilym R. Tilsley oedd y darn gosod. Sylwodd Dic fod sain hyfryd i linellau megis 'I arwr glew erwau'r glo' a'u tebyg, ac aeth ati yn llawn chwilfrydedd i holi ymhellach am y patrymau cymhleth o seiniau ac acenion a ddatblygodd law yn llaw â'r iaith Gymraeg.

Yr oedd yn dechrau dangos diléit mewn chwarae â geiriau a châi bleser o weithio penillion o naws gymdeithasol i ddifyrru ei gydnabod. Magodd hyder wrth sylwi fod y rhigymau yn cael derbyniad gwresog ac yr oedd hynny yn hwb sylweddol iddo ddal ati. Dechreuodd gystadlu ac ennill mewn eisteddfodau lleol ac yna, yn ugain oed, enillodd Gadair yr Urdd yn y Bala yn 1954. Enillodd hi wedyn yn Abertridwr yn 1955, yng Nghaernarfon yn 1956 ac yn Rhydaman yn 1957. Cipiodd felly brif wobr lenyddol yr Urdd bedair blynedd yn olynol. Y flwyddyn ganlynol gofynnwyd iddo beidio â chystadlu am y Gadair. Ni wn ar ba dir na chan bwy yr awdurdodwyd y cais rhyfedd hwn ond ufuddhaodd Dic iddo heb gwestiynu dim a chadeiriwyd T. James Jones, Parc Nest, y flwyddyn honno. Y flwyddyn ganlynol anghofiodd yr Urdd holi iddo ymatal, ac enillodd y Gadair am y pumed tro yn Llanbedr Pont Steffan. 'Y Gamp' oedd y testun a chanodd awdl i ddarlun enwog Curnow Vosper o Gapel Salem. Mae'r llinellau agoriadol, fel yn ei awdlau diweddarach, yn hawlio sylw o'r cychwyn cyntaf:

Canaf i ddwylo cynnil,
I ddyn o artistaidd hil
A roes Salem a'i emyn
A'i naws lleddf ym mynwes llun,
A roes weddi ar liain
A hedd cwrdd â'i fysedd cain.

Yr oedd yn amlwg i bawb fod bardd newydd cyffrous ar y gorwel ac yn 1960 ymddangosodd ei gyfrol gyntaf o gerddi, *Agor Grwn.* Chwaraeodd yr Aelwyd ran bwysig yn natblygiad Dic fel dyn yn ogystal ag fel bardd. Yno y cyfarfu â Jean Jones o fferm Parc-y-rhos, ger Parc-llyn. Dechreuodd y garwriaeth yn Eisteddfod yr Urdd yn y Bala gan barhau dros hanner can mlynedd o fywyd priodasol tan i angau eu gwahanu yn 2009. Nid oes ryfedd felly fod gan y Bala le cynnes iawn yng nghalonnau'r ddau. Daeth yn un o'r mannau arbennig yn eu bywydau gan mai yno yr enillodd Dic ei gadair gyntaf gyda'r Urdd ac mai yno ar ddiwedd ei yrfa y gorseddwyd ef yn Archdderwydd Cymru

Mae'n anodd gorbwysleisio dylanwad y Parchedig a Mrs Tegryn Davies ar y broydd hyn. Buont wrthi'n llafurio y tu fewn a thu allan i furiau'r capel o 1933 tan 1969 ac erys eu dylanwad gan mai wyrion ac wyresau aelodau'r Aelwyd honno sy'n cynnal gwerthoedd traddodiadol yr ardal. Hwy sydd yn arwain y gân yng nghymanfaoedd Capel y Wig, Glynarthen ac Aberteifi hyd y dydd heddiw. Fel y dywedodd Dic amdanynt newn cywydd mawl:

Heb dderbyn, heb ofyn hur,
Hyd y wlad mae'u dyledwyr

Ar ôl i 'w phriod farw anrhydeddwyd Mrs Tegryn Davies gan yr Eisteddfod Genedlaethol. Hi oedd y gyntaf i dderbyn Medal Syr T. H. Parry-Williams, y wobr flynyddol a gyflwynir bellach i unigolion sydd wedi gwneud cyfraniad nodedig i'r diwylliant Cymraeg. Cyflwynwyd y Fedal iddi gan y Fonesig Amy Parry-Williams. Anrhydeddwyd 'Hi' hefyd mewn cywydd gan Dic:

Y dryw a'r cryfder eryr,
Y corff brau a'r doniau dur,
Di-roi-i-fewn benderfyniad,
Y llais a'r cais dinacâd.
Dygai'r amynedd digoll
A mwyn air, ein mam ni oll.

Nid er clod fu'r caledwaith,
Nid er mawl yr hirdrwm waith,
Ac nid oedd rhifo'r oriau
Yn ddim yn hanes y ddau.

Rhowch iddi barch ei haeddiant
Mewn cawraidd dôn, mewn cerdd dant.
Y mae nodd pob dim a wnaeth
Yn cnydio mewn caniadaeth.

Rhoddwch gan tlws aur iddi,
Ni thalant mo'i haeddiant hi,
O'r rheng a ddaw ar ei hôl
Ni fydd un fwy haeddiannol.

Bonesig yn unig all
Euro bonesig arall.

Mae'r dalent grai yn bodoli ym mhob ardal ond prin yw'r arweinwyr sydd yn barod i'w meithrin. Braint a lwc Aber-porth oedd cael dau a oedd yn fodlon ymgymryd â'r gwaith. Wrth i ddiddordeb Dic mewn cyfansoddi penillion gynyddu, teimlodd ei dad y byddai'n eithaf peth i'r mab gael ychydig hyfforddiant yn y grefft honno. Felly trefnwyd i'r crwt fynd ar ambell nos Sul i gael seiat gyda Alun Cilie, y galluocaf o'r beirdd lleol. Yr oedd Alun ac Abba yn ddau ffermwr a thebyg mai dros beint ym mart Aberteifi y trawyd y fargen.

Fferm dri chan erw ar yr arfordir rhwng Cwmtudu a Llangrannog yw'r Cilie. Yno, ar y Foel uwchben y môr magodd Jeremiah Jones ddeuddeg o blant gyda'r mwyafrif ohonynt yn gynganeddwyr rhugl. Lledodd y sôn am dalentau prydyddol Bois y Cilie ymhell tu hwnt i'w milltir sgwâr ac mae nifer o'u henglynion yn dal ar gof gwlad. Cwpled a ddyfynnir yn fynych hyd heddiw yw'r un o eiddo Tydfor, mab Siors y Cilie, ar ôl iddo ddathlu'r Hen Galan yng Nghwm Gwaun:

> Mae fel hotel ymhob tŷ,
> Hotel a neb yn talu.

Etifeddodd y brodyr y gynghanedd oddi wrth eu tad gyda'r plant hŷn yn ei phasio ymlaen i'r rhai iau. Go brin y byddent wedi cael eu cyflwyno i unrhyw un o lawlyfrau'r grefft yn ystod eu prifiant, ond cawsant eu magu yn ei sŵn a gwyddent yn reddfol beth oedd yn dderbyniol yn ôl y rheolau. Yr oedd eu clustiau wedi eu tiwnio i gof y cenedlaethau.

Yn 1964 cyhoeddwyd *Cerddi Alun Cilie* ac fe'i hadolygwyd gan Saunders Lewis yn y *Western Mail*. Yno mae'n dadlau fod beirdd fel Alun Cilie yn ddisgynyddion uniongyrchol i Taliesin.

Mynnai fod modd olrhain y traddodiad barddol i lawr o'r Hengerdd drwy Feirdd y Tywysogion a Beirdd yr Uchelwyr hyd at feirdd gwlad ein dyddiau ni a mynnai fod twf organig y gynghanedd o fewn yr iaith yn rhan annatod o'r llinell honno. Yr oedd y gynghanedd ar ei miniocaf yn ystod oes aur y cywydd rhwng 1435 ac 1535 pan oedd yr Uchelwyr yn noddi penceirddiaid megis Dafydd Nanmor, Gutun Owain a Guto'r Glyn. Ond gyda buddugoliaeth Harri Tudur yn Bosworth trodd llawer o'r Uchelwyr Cymreig eu golygon tua Llundain ac o ganlyniad collwyd y nawdd a thawodd y gynghanedd ar lawr y llysoedd. Ond fe'i cadwyd yn fyw ar lawr gwlad gan brydyddion y werin bobl dros gyfnod o bedair canrif cyn iddi ailflodeuo ar ddechrau'r ganrif ddiwethaf o ganlyniad i ysgolheictod Syr John Morris-Jones ac awdlau T. Gwynn Jones ac R. Williams Parry. Yn ôl Saunders Lewis, Jeremiah Jones, penteulu'r Cilie, oedd un o'r rhai a fu'n cario'r baton yn y ras gyfnewid hon.

At Alun Cilie yr anfonwyd Dic i ddysgu'r cynganeddion felly, ond nid hyfforddiant ffurfiol mohono. Rhyw sgwrs fyddai'r wers gyda'r athro yn taflu llinellau o gynghanedd i mewn iddi yn y gobaith y byddai'r disgybl yn eu clywed a'u hadnabod ac yn ymgyfarwyddo â hwy. Byddai'r trawiadau yn britho sgwrs bob dydd y Cilie a datblygodd Dic yr arferiad hwnnw o siarad mewn cynghanedd yn fuan iawn. Yr hyn a wnaeth Alun oedd rhannu gyda Dic yr addysg a gafodd ef fel y cyw melyn olaf gan ei frodyr hŷn. Tiwnio'r glust a wnâi ac ni fu papur na phensil erioed yn rhan o'r dysgu.

Pan ddaeth hi'n adeg i Dic ei hunan ddod yn athro beirdd, sylfaenodd ei wersi ar fethodoleg Alun. Cynhaliodd sawl cyfres o ddosbarthiadau cynghanedd a phan fu farw Dr Roy Stephens – yr athro barddol – yn greulon o gynnar, gofynnwyd i Dic

gymryd yr awenau yn Nhan-y-groes a Ffair-rhos. Bu hyn
yn dipyn o sioc i nifer o'r aelodau gan fod y ddau athro mor
wahanol yn eu dulliau dysgu. Byddai Roy yn paratoi taflenni
ac âi â bwrdd gwyn gydag ef i'r dosbarth. Arno byddai'n
ysgrifennu'r llinellau gan farcio'r cytseiniaid a'r acenion er
mwyn i'r disgyblion weld y gynghanedd. A rhaid cyfaddef fod
y canllawiau hyn wedi bod yn amhrisiadwy i rywun fel fi a
ddysgodd gynghanedd gyda'r llygad yn un o ddosbarthiadau
nos Roy. Ar y llaw arall, nid oedd gan Dic unrhyw brop; ei
dalent eiriol, ei feddwl chwim a'i gof anhygoel fyddai sylfaen
ei wersi. A phan ofynnodd un o'r aelodau iddo ysgrifennu
llinell i lawr er mwyn cael gweld y gynghanedd, teimlai fod
hynny yn tanseilio egwyddorion methodoleg yr addysgu.
Mynnai mai clywed cynghanedd a wneir, nid ei gweld, ac yn
hyn o beth yr oedd yn berffaith gywir gan fod y llygad yn aml
yn medru ein twyllo gan nad yw'r acenion ar y papur.

Clywed y gynghanedd a wnâi Dic bob tro a byddai'n
ddigon parod ar adegau i ymestyn y ffiniau pan dybiai fod
hynny yn briodol. Cymerer, er enghraifft, y llinell 'A'r hen
frain fry ar y rhos' o'r awdl 'Gwanwyn'. Mae'n bosibl fod
llythyren y ddeddf wedi ei thorri gan fod un 'r' yn y rhan
gyntaf yn cael ei hateb gan dair 'r' yn yr ail ran. Ond gan nad
oes yr un gytsain rhwng y tair 'r' yr oedd y llinell yn bodloni
greddf Dic; un nodyn oeddynt ar ei biano cynganeddol.
Condemniwyd y llinell hon gan Gwyn Thomas, un o'r
beirniaid, a phan gyhoeddodd Dic yr awdl yn ei gyfrol *Storom
Awst* fe'i newidiodd am linell ddiddrwg, ddidda fel 'A haid
gythreuliaid y rhos'. Braf oedd canfod fod Ceri Wyn Jones
wrth olygu *Cerddi Dic yr Hendre* wedi adfer y llinell wreiddiol
i'w phriod le.

Yn yr un feirniadaeth collfarnwyd ail fraich y cwpled canlynol:

Am ddeffro o gyffro gwig
Gwsg yr Had cysegredig.

Tybiwyd fod yr 'g' ar ddechrau'r gair 'gwsg' yn cael ei hateb gan 'c' yn 'cysegredig'. Ni sylweddolwyd fod yr 'g' ar ddiwedd y llinell flaenorol yn caledu'r 'g' ddilynol yn 'c' er mwyn cyflawni'r gyfatebiaeth yn gywir.

Wrth adolygu *Sgubo'r Storws* mae Alan Llwyd yn tynnu sylw at y llinell lusg-o-gyswllt 'Y gorau o gymdogion'. Mae'n amau, gyda chryn gyfiawnhad, a yw'r arddodiad 'o' yn ddigon cryf i gynnal yr orffwysfa gan fod yr ystyr yn mynnu rhoi pwyslais ar y gair 'gorau'. Ond mae'n amlwg fod y llinell yn bodloni clust Dic. Pe na bai ni fyddai wedi ei defnyddio.

Yr oedd Dic yn hollol fodlon defnyddio un gair a fyddai'n odli yn fewnol fel dwy ran gyntaf cynghanedd sain; er enghraifft, 'Mae amaeth-yddiaeth heddiw'. Clywais Gerallt fwy nag unwaith yn condemnio'r arferiad hwn ar y *Talwrn* ond yr oedd acenion llinellau o'r fath yn hollol dderbyniol i glust Dic. Roedd yn gynganeddwr greddfol ac, o'i roi yn nhermau criced, yr oedd yn nes at Ian Botham na Geoffrey Boycott.

Un gynghanedd nad oedd ganddo fawr o feddwl ohoni oedd y llusg wyrdro lle'r odlir 'ai' gydag 'ei' ac 'au' gydag 'eu' gan eu bod wedi tarddu o'r un gwreiddyn; er enghraifft craig/creigiau. Affeithiad yw'r term gramadegol am y newid seinegol hwn. Ond er ei bod yn gynghanedd ddigon soniarus i nifer, byddai Dic yn ei hosgoi. Mynnai mai galw am gof yn hytrach na chlust a wnâi cynghanedd o'r fath.

Cofia Emyr Oernant gystadlu ar englyn y dydd yn yr
Eisteddfod Genedlaethol gyda Dic yn beirniadu. Daeth
Emyr yn un o'r ddau orau. Yn ei feirniadaeth o'r llwyfan bu
Dic yn pendilio'n gyhoeddus rhyngddynt cyn dod i lawr o
blaid yr englyn arall. Pan ddaeth ar draws Emyr ychydig yn
ddiweddarach yn y prynhawn, cwestiwn cyntaf Dic oedd, 'Pam
ddiawl ddefnyddiest ti'r hen lusg wyrdro 'na yn dy englyn?'
Iawn. Ond yr hyn a synnodd Emyr oedd fod Dic wedi adnabod
ei arddull ac yntau wedi mynd i'r drafferth o gael menyw
ddieithr i ysgrifennu'r englyn ar y darn papur cyn ei daflu i
mewn i'r blwch cystadlu.

Er i Dic fynnu mai'r glust oedd ei ffon diwnio, ni themtiwyd
ef erioed i odli 'i' gydag 'u' neu 'y' ar y mesurau traddodiadol.
Bu ambell ddeheuwr, fel Jim Parc Nest, yn awyddus i ehangu'r
maes gan adael i glust yr unigolyn reoli. Yr un fyddai nodyn y
tair llythyren i glust Dic, ond yn yr achos hwn mynnodd gadw'n
driw i'r hen draddodiad. Yn yr un modd, ni ddilynodd arferiad
y to iau o gynganeddwyr drwy ateb dwy 'd' sydd yn dilyn ei
gilydd gyda 'd' yn hytrach na chyda 't'. Mynnant hwy fod yr
iaith yn newid a bod y caledi ad bellach wedi diflannu o'n llafar
naturiol. Er hynny, glynu at yr hyn a ddysgodd yn rŵm ffrynt y
Cilie a wnaeth Dic.

Mynnai T. Llew Jones y gallai adnabod cynganeddion Dic
ym mhig y frân. Mae tinc unigryw iddynt. O raid, byddai
newydd-deb a ffresni'r trawiadau ynghyd â chywreindeb y grefft
yn ei fradychu. A gellir canfod ei oglau ef ar nifer o englynion
a chywyddau caboledig yng nghyfres Pigion Talwrn y Beirdd o
dan enwau pobl a thimau eraill.

Nodwedd arall o'i gynganeddu oedd sydynrwydd ei ymateb.
Cofiaf eistedd yn ei gwmni mewn caffi yn yr Eisteddfod

Genedlaethol pan gerddodd Simon Thomas heibio, a oedd ar y pryd yn aelod seneddol dros Geredigion. Yr oedd holl osgo'r gwleidydd yn awgrymu fod rhywun wedi damsgen ar ei gorn. Gwelodd Dic ef a sylwodd ar ei wep gan ychwanegu ar amrantiad, 'Simon Thomas mewn tymer'. Fel bod y rhai nad ydynt yn cynganeddu yn medru gwerthfawrogi'r orchest, digon yw dweud ei fod wedi sylwi fod yr enw Simon Thomas yn dechrau a gorffen gyda'r llythyren 's' a bod cyfle felly i weithio croes-o-gyswllt. I wneud hynny byddai raid iddo ateb yr 'm', 'n', 't' a'r ail 'm' yn y drefn honno gyda'r acen yn syrthio rhwng y 't' a'r ail 'm'. Byddai rhaid iddo gael rhywbeth gwerth ei ddweud a llefaru'r llinell. Ac fe gyflawnwyd hyn oll mewn rhyw chwarter cwarter eiliad. Cofiaf iddo mewn caffi arall ymateb i gais ffrind am facyn poced gyda'r cwestiwn, 'Oes syrfiéts ar y ford?' Mae'r grefft yn cael ei chuddio o dan naturioldeb y dweud a byddai angen papur a phensil ar y rhan fwyaf ohonom i ddarganfod fod y llinell hon yn seithsill o groes-o-gyswllt.

Byddai sŵn geiriau dieithr yn cyffroi'r cynganeddwr ynddo. Pan glywodd fod mewnfudwyr wedi newid enw'r tŷ a brynwyd ganddynt o Haulfryn i Nicky Nook, ymateb Dic oedd defnyddio egin y gynghanedd a fodolai eisoes yn yr enw newydd cyn cwblhau llinell o groes-o-gyswllt eto: 'A Nicky Nook yw e nawr.'

Mae gan bawb ei stori am awen barod Dic. Cofia Ceri Wyn Jones am yr achlysur y gyrrodd ef lond car o gynganeddwyr i dalwrn. Ar ôl cyrraedd, clodd Ceri'r car drwy wasgu'r allwedd. Yr oedd hon yn ddyfais gymharol newydd ar y pryd ac ychwanegodd Ceri, fel esboniad, 'Central locking'. Yr oedd cael ymadrodd gwyryf fel hwn i chwarae ag ef at ddant y cynganeddwyr, ond Dic oedd y cyntaf i'w gloi mewn llinell seithsill: 'Trwy lwc mae *central locking*.' Pan oedd Dic i fyny yng Nghaernarfon ar ryw ddyletswydd, gyda Karen Owen, roedd ganddo amser ar ei ddwylo ac aeth am dro i Blas Menai gan ymweld â'r fynwent gerllaw. Pan welodd Karen Owen ef yn ddiweddarach gofynnodd iddo a oedd wedi bod yn rhywle. Yr ateb a gafodd oedd, 'Plas Menai *plus* mynwent.' Cofia Emyr Oernant wedyn am grwydro strydoedd Bangor yng nghwmni Dic pan ddaeth criw o fynyddwyr i'w cyfarfod. 'Bataliwn o bot holers' oedd disgrifiad parod Dic ohonynt. Bron na ellid dweud ei fod yn clywed yr hyn a ddigwyddai o'i gwmpas mewn cynghanedd.

Dychwelwn i gysgod Foel Gilie ac i chwedegau'r ganrif a aeth heibio pan fyddai beirdd y fro yn cyfarfod yn rheolaidd yn y Pentre Arms yn Llangrannog neu yn nhafarn Brynhoffnant ar nos Sadyrnau. Alun Cilie, T. Llew Jones a'r Capten Jac Alun Jones fyddai diaconiaid y gymdeithas ddethol hon a gwyddai'r brodorion mai annoeth fyddai mentro i'r oruwchystafell heb wahoddiad. Ond gan fod Dic yn ddisgybl i Alun Cilie, ac eisoes yn dechrau disgleirio fel crefftwr geiriau, cafodd groeso i ymuno â hwy. Tua'r un adeg croesawyd darpar brifardd arall, sef Donald Evans a'i gymar Pat, i'r seiat ac mae yntau, fel Dic, yn tystio i bwysigrwydd y gyfeillach hon yn ei ddatblygiad fel bardd.

Yn ystod yr un cyfnod swynwyd T. Llew gan geiliog mwyalch a ganai yng ngardd Tŷ'r Ysgol, Coed-y-bryn. Canodd gywydd o fawl iddo yn nhraddodiad yr hen benceirddiaid:

> Canaf i gerdd ddihafal
> 'Deryn du mewn derwen dal.
> O'r llwyn pa gywair llonnach
> Na'i aur bib ben bore bach?

Yr wythnos ganlynol yr oedd Alun Cilie wedi clywed rhagorach
cantor yng Nghwm-sgog ger y Cilie ac yr oedd ganddo yntau
gywydd o fawl i'r perfformiwr:

> Brigyn celyn fu coleg
> Y llais gwych arllwysa o'i geg.
> Ei gain dôn sy'n ddigon da
> I fyned i Vienna;
> Neu gipio rhai o 'laurels'
> Enwoca sêr Sadler's Wells.

Yr oedd gan Dic hefyd gywydd i'r aderyn du a glywodd ef
gerllaw'r Hendre:

> Mae un yng nghoed Cwmhowni,
> Yma yn nwfn ein cwm ni
> Ers llawer dydd sydd, 'rwy'n siŵr,
> Ag yntau'n gytras cantwr.
> Aderyn du o'r hen deip,
> Digardod artist gwirdeip.

Ni allai Dafydd ap Gwilym ei hunan ragori ar y cynganeddu
gogoneddus o'r geiriau cyfansawdd. Aeth ymlaen i osod sialens
i fwyalchen T. Llew:

> Os yw'n swil fe roi Gigli
> Gwrs dwym i'th Garuso di.

Wythnos yn ddiweddarach daeth cywydd ateb oddi wrth T.
Llew yn amddiffyn enw da'r aderyn du o Goed-y-bryn. Mae'n
derbyn yr her:

Am unwaith i Gwmhowni
Af rhyw nos â'm ffefryn i;
Cei wrando'i wyrthiol solo
A'i hardd lais gwefreiddiol o.
Clywed uwchben y pren praff
Glasurol fiwgl y seraff.

…

Dy geiliog di, o g'wilydd
Yng nghlyw'r gân yn fudan fydd,
O gywir barch gwyra'i big,
Rho'i ged i feistr y goedwig.

Erbyn 1972 tawelodd yr aderyn du; ni chanodd y gwanwyn hwnnw ac mae cywydd marwnad T. Llew yn cau'r cylch yn y broydd hyn:

Mae'r loyw bib? Mae'r alaw bert?
Gwefr ei osber gyfrwysbert?
Mae'r aur dant ym more'r dydd?
Mae'r cerddi ym mrig hwyrddydd?
Ai mudan o'i lwyfan glas
F'aderyn dafod eirias?

Flynyddoedd wedyn clywodd Myrddin ap Dafydd aderyn du yn canu ym Mro Conwy. Genhedlaeth yn ddiweddarach mae enwau'r cantorion yn newydd ond yr un yw hyfrydwch cân y fwyalchen ac afiaith y cynganeddu:

Ar bren tirf mae'r Bryn Terfel
Yn chwyddo'n galon heb gêl,
Yn troi'n wefr ei ffliwt i'r ne';
Y mae'i sgìl fel James Galway.

Nid er mwyn ennill gwobrau a chadeiriau y cyfansoddwyd
y cywyddau. Fe'u gweithiwyd oherwydd fod haearn yn hogi
haearn a phob pencerdd yn ymuno yn yr hwyl o geisio rhagori
ar ei gilydd yn yr hen grefft o gynganeddu a chywydda. Nid oes
ryfedd i'r Athro Bedwyr Lewis Jones farnu bod y cylch hwn o
ganu ymhlith gogoniannau mawr llên Cymru yn yr ugeinfed
ganrif.

Yn 1966 mewn noson fawr yng Ngwesty Glaneirw, ger Tan-
y-groes, sefydlwyd Cymdeithas Ceredigion. Yr oedd Dic a Siân
yn rhan o'r cyfarfod hanesyddol hwnnw ynghyd â Gwenallt,
Alun Cilie, T. Llew Jones, Donald Evans ac un neu ddau arall.
Y bwriad oedd creu fforwm lenyddol yn y sir a phan oedd
yr hwyliau ar eu huchaf, penderfynwyd y dylai'r gymdeithas
newydd, heb geiniog wrth gefn, fynd ati yn ddi-oed i brynu
hen blas y Cilgwyn er mwyn ei droi'n ganolfan i feirdd a
llenorion y sir. Yn y gwesty hwn ger Castellnewydd Emlyn y
bu'r llyfrgellydd, Alun R. Edwards, yn cynnal ei benwythnosau
enwog yn yr 1950au ar gyfer meithrin awduron llyfrau plant.
Beth bynnag, yn unol â'r penderfyniad a wnaethpwyd, ac ar ôl
i bawb sobri, bu rhaid i Dic, yng nghwmni Alun Cilie, T. Llew
Jones a Dewi James y bancyr, fynd fel rhan o ddirprwyaeth
i agor trafodaethau gyda'r perchnogion. Er na wireddwyd y
breuddwydion cynnar, mae'r gymdeithas yn dal i gwrdd yn
rheolaidd. Bu Dic yn llywydd arni fwy nag unwaith a'r tro
olaf arweiniodd yr aelodau ar daith benwythnos ddifyr iawn
i Weriniaeth Iwerddon. Byddai wrth ei fodd yn pocro'r tân yn
y cyfarfodydd blynyddol a gynhelir ddechrau Medi i drafod
Cyfansoddiadau a Beirniadaethau yr Eisteddfod Genedlaethol.

Drwy Gymdeithas Ceredigion daeth Dic i adnabod Gwenallt
a chafodd Siân ac ef wahoddiad i briodas ei ferch. Yn y wledd

briodasol yr hyn roes fwyaf o syndod i Dic oedd araith tad
y briodferch. Anwybyddodd Gwenallt yr achlysur hapus yn
llwyr gan gymryd y cyfle i ymosod yn ffyrnig ar awdurdodau'r
coleg yn Aberystwyth. Ni fu Dic, fel dwy o'i chwiorydd, yn y
coleg hwnnw. Yn hytrach, graddiodd ym mhrifysgol milltir
sgwâr ei wreiddiau lle daeth o hyd i'w lais ymysg ei bobl ei hun.
Ofer yw dyfalu beth a fyddai ei hanes pe bai wedi dilyn llwybr
addysg i swydd fras mewn dinas goncrid. A fyddai llyfrgelloedd
coleg wedi distewi'r llais a gofynion byd busnes wedi dofi'r
dychymyg? Go brin. Mae'n anodd meddwl am Dic heb gân yn ei
galon, ond mae'n eithaf posibl y byddai'r gân honno ychydig yn
wahanol.

Y mae hollt yng nghraig y môr

Ar sgwâr Gogerddan mae'r dyrpeg o Aberaeron i Aberteifi yn croesi'r ffordd o Gastellnewydd Emlyn i Aber-porth. Tua'r de mae tref Aberteifi a'r castell lle cynhaliwyd yr eisteddfod gyntaf. Yn 1176 galwodd yr Arglwydd Rhys y beirdd a'r cantorion ynghyd i'r Neuadd Fawr i gynnal gŵyl. Dadfeiliodd muriau'r castell dros y canrifoedd nes mynd yn ddolur llygad i'r trigolion, ond, diolch i Ymddiriedolaeth Cadwgan fe'i hadferwyd a chafodd ei ail agor yn 2015. Yn y cyfnod hwn bu Siân yn weithgar yn y broses o gasglu arian ar gyfer y fenter.

Yn ystod yr oesoedd canol bu'r Cymry a'r Normaniaid yn brwydro'n gyson am y castell ac fel mae Ceri Wyn Jones yn ei awgrymu yn ei awdl fuddugol yn Eisteddfod Sir Gâr 2014, mae'r frwydr am enaid y dref yn parhau yn y 'glaw llipa' tu allan i Quick Chip ar aml i nos Sadwrn. Bu brwydr hefyd yng ngholofn lythyrau'r *Teifi Seid* ac ar y we gyda Chyfeillion Rhys ap Gruffydd yn ceisio cipio'r castell yn ôl oddi wrth Ymddiriedolaeth Cadwgan. Teimlid fod y ceidwaid newydd yn ddibris o'r dreftadaeth eisteddfodol a bod y neuadd fawr wedi cael ei chladdu am byth o dan y tunelli pridd sy'n cynnal seiliau'r gwesty Sioraidd pum seren. Ond stori arall yw honno.

Mae'r traddodiad eisteddfodol yn dal yn gryf yn y dref gyda'r Ŵyl Fawr yn rhan o'i chalendr diwylliannol. Mae'r fro yn gyfoethog o gorau ac o gantorion unigol cenedlaethol megis Washington James, Gwyn Morris, Richard Jenkins, Catrin Aur a'r chwiorydd James. Ymhlith y beirdd gellir rhestru y Prifardd

Ceri Wyn, ei dad Dafydd Wyn Jones, Emyr Oernant, Arwel Jones a Ken Griffiths. Ym mhlas y Tywyn, ger aber afon Teifi, y canwyd un o gywyddau mawr yr iaith gan Dafydd Nanmor i'w noddwr, Rhys ap Rhydderch ap Rhys:

> Ni thyf, mal gwenith hafaidd,
> Brig ar ŷd lle ni bo'r gwraidd.

Byddai'r amaethwr yn Dic yn gwerthfawrogi'r cwpled hwn yn ei amryfal ystyron.

Tua'r dwyrain, yng Nghastellnewydd Emlyn saif castell arall. Yno, yn ôl y sôn, y dysgodd Dafydd ap Gwilym y cynganeddion gan ei ewythr a oedd yn gwnstabl yno. Unwaith eto ceir yma draddodiad llenyddol cyfoethog. Dyma fro chwedlau Nest ac yng Nghwm Cuch gerllaw bu Pwyll Pendefig Dyfed yn hela'r carw. Mae'r traddodiad barddol yn ymestyn o Dafydd ap Gwilym trwy feirdd Cwm Du hyd at fechgyn Parc Nest ein dyddiau ni.

Tua'r gogledd, ar y Foel ceir fferm y Cilie, cartre'r teulu o gynganeddwyr y soniwyd amdanynt eisoes. Hwy a'u tebyg a sicrhaodd fod y trawiadau yn dal i ganu yng nghof yr ardalwyr. Fel Penllyn a Phen Llŷn daeth godre Ceredigion yn eu cyfnod hwy yn un o gadarnleoedd y gynghanedd.

Tua'r gorllewin wedyn, mae tiroedd Tan-yr-eglwys a'r Hendre lle cynaeafwyd dwy o awdlau mwya'r iaith, a thu hwnt i hynny ceir y môr mawr tragwyddol. Fel y dywedodd Dic amdano:

> Diaros aros o hyd – y mae'r môr
> A 'mynd' yn ddisymud,
> Yn ei unfan o'r cynfyd,
> Ac eto'n gyffro i gyd.

Saif yr Hendre ryw bum can troedfedd uwchlaw'r môr a chwta filltir o'r arfordir, oddi yno ar ddiwrnod clir gellir gweld ehangder Bae Ceredigion yn ymestyn o Ben Cribach hyd Ynys Enlli. Roedd y môr yn ei amrywiol hwyliau yn rhan o fywyd beunyddiol Dic a chollai ei bresenoldeb cyson pan fyddai'n gorfod aros dros nos yng nghanol gwlad heb weld ton na thraeth. Rhoddai'r môr sefydlogrwydd daearyddol ac ysbrydol iddo ac yr oedd yno yn ffin naturiol i diroedd ei awen.

Gwn y byddai rhai yn barod i ddadlau mai'r gerdd sy'n bwysig ac mai ffansi amherthnasol yw ffactorau allanol megis gwreiddiau, magwraeth a bro. Ond fel y dywedodd John Donne, 'No man is an island', ac mae'n anodd credu fod modd i dalent ddatblygu mewn diffeithdir diwylliannol nac i unrhyw wagle esgor ar gampweithiau celfyddydol. Gwyddai Dic fel ffarmwr nad cnwd blwyddyn, ond blynyddoedd lawer, oedd y cynhaeaf a fedai bob diwedd haf:

> Bu hen werydu uwchben yr hadau,
> Yn y mân bridd mae tom hen breiddiau,
> Ac yno o hyd rhydd sofl hen gnydau
> I eginyn ifanc egni hen hafau,
> Cynhaeaf cynaeafau – sydd yno,
> Yn aros cyffro y gwres i'w goffrau.

Cynefin Dic oedd y triongl o ddaear sy'n gorwedd rhwng yr A487 a'r ddwy ffordd sy'n fforchio allan o Aber-porth i gyfeiriad y briffordd. Deuai o hyd i'w ddeunydd o fewn cylch ei adnabyddiaeth, ond camgymeriad mawr fyddai tybio fod yr awen honno'n blwyfol. I'r gwrthwyneb, rhan o'i fawredd fel bardd oedd iddo lwyddo, o fewn ffiniau ei filltir sgwâr, i ganu cân y ddynoliaeth gyfan.

Dyna'r camgymeriad a wnaeth y wraig honno a ddaeth i lawr yr holl ffordd o Lundain i gyfweld â Dic ar gyfer rhaglen ar Radio 4. Ar ôl cyrraedd yr Hendre yr hyn a'i synnodd oedd ei fod mor bell o Lundain. 'You're so remote here,' oedd ei sylw cyntaf. Ni ddywedodd Dic ddim gan fod popeth a ddymunai ar gael rhwng Blaen-porth a Blaenannerch ac ar ben hynny nid oedd tref Aberteifi ond rhyw bedair milltir i ffwrdd. Ond aeth y gyflwynwraig ymlaen i danlinellu ei phwynt drwy ychwanegu, 'But you're so far removed from civilisation.' Erbyn hynny teimlai Dic ei bod yn bryd ymateb ac er mwyn dechrau trafodaeth gofynnodd gwestiwn bach syml iddi: 'What exactly do you mean by civilization?' Twymodd y wraig at ei phwnc drwy holi cwestiwn ar ben y cwestiwn gwreiddiol: 'Well, how far is the nearest Marks and Spencer's?' Ond daeth y drafodaeth honno i ben yn sydyn iawn wrth i Dic ymateb 'Oh, *that's* what you mean by "civilization" ', gyda'r pwyslais a'r dirmyg a roddwyd i'r gair 'that's' yn awgrymu i holl wrandawyr Radio 4 fod gwareiddiad yn bodoli tu hwnt i gownter Marks and Spencer's.

Hyd yn oed yn blentyn meddai ar feddwl chwim a byddai yn y bwlch o flaen neb arall. Cofia Rhiannon, ei chwaer, am Gwendraeth James, cyn ysgolfeistr Blaen-porth, yn galw yn Nhan-yr-eglwys. Fel hen sgwlyn byddai'n cymryd mantais o unrhyw gyfle i roi prawf ar blentyn, hyd yn oed ar ôl ymddeol. O weld Dic gofynnodd iddo yn swrth yn yr iaith fain, gan mai Saesneg oedd iaith addysg yn yr oes honno, 'Tell me, boy, how many fishcakes costing one and a halfpenny each can I buy for a shilling?' Bu hon yn ormod o swm i'r crwtyn seithmlwydd, ond llwyddodd i ddod allan ohoni yn ogoneddus drwy ehangu'r cynfas. Ar ôl ennyd o ystyriaeth, atebodd yn foesgar, 'Excuse me, sir, but you can't buy fishcakes during the war.'

Dros y canrifoedd bu priodas hapus rhwng y tir a'r môr ar hyd glannau'r gorllewin. Drwyddi draw trôi plant y pentrefi eu golygon tua'r môr am eu bywoliaeth. Ar y llaw arall arhosai etifeddion y ffermwyr adref i drin y tir. Ond byddai'r tir a'r môr yn gorgyffwrdd ym mywyd y rhan fwyaf o deuluoedd lle ceid morwyr ac amaethwyr yn rhan o'r un llinach. Ceir dadansoddiad ysgolheigaidd o gymdeithaseg Aber-porth yn yr 1950au gan David Jenkins yn y gyfrol *Welsh Rural Communities*, yntau yn un o blant y pentref ac yn fab i gapten llong.

Ond er i fasnach y llongau bach a fu'n cludo glo a chalch i Hook, Wicklow, Cernyw a Chei Connah droi'n atgof erbyn amser Dic, yr oedd 'mynd i'r môr' yn dal i fod yn ffordd o fyw i blant y pentre. Graddiodd nifer ohonynt yn gapteiniaid ar longau mawr y cefnforoedd a byddent yn dueddol o ddychwelyd i'r fro wrth chwilio am griw dibynadwy. Ar ben hynny yr oedd nifer o bysgotwyr lleol yn cynaeafu'r môr a byddai dyfodiad yr heigiau mecryll a'r sgadan i'r bae yn gymaint rhan o galendr yr ardal â'r lladd gwair a thorri llafur. Fel y canodd Dic:

> Mae sgadan ffres ar draeth y Dyffryn,
> Mae sgadan ffres yn rôt y dwsin,
> Mae sgadan ffres a phob rhyw drysor
> Pan fo llongau'r Plas yn bwrw angor.

Ond wrth i gymylau rhyfel gasglu dros Ewrop tua diwedd y tridegau, tarfwyd ar yr heddwch a hynny heb rybudd. Meddiannodd y Weinyddiaeth Amddiffyn dros bedwar can erw o ffermydd Trecregyn, Pennar Isaf a Phennar Uchaf er mwyn agor gwersyll milwrol ym Mharc-llyn a chymerwyd tua chan erw a hanner allan o diroedd Maes-y-deri, Pen-bryn, Pen-cnwc a Phen-lan er mwyn adeiladu maes awyr ym Mlaenannerch.

Trefniant dros dro oedd hwn i fod, ond arhosodd y tresmaswr ac ni ddychwelwyd y tir i'w perchnogion yn ôl yr addewid. Ailadroddwyd y stori mewn mannau eraill yng Nghymru, yn enwedig ar fynydd Epynt lle bu'r chwalfa'n dipyn mwy. Yno collwyd cymdogaeth gyfan o 57 o ffermydd a diwreiddiwyd dros ddau gant o ardalwyr.

Mewn erthygl o dan y teitl 'Adar Angau' a ymddangosodd yn rhifyn 150, gaeaf 2013, o *Taliesin* ceir trafodaeth gan Damian Walford Davies o ymateb, neu ddiffyg ymateb efallai, y dychymyg llenyddol Cymraeg i bresenoldeb sefydliadau milwrol ar dir 'sanctaidd' Cymru. Gwyddom am y pegynu barn pan losgwyd yr Ysgol Fomio ym Mhenyberth yn 1936. R. Williams Parry oedd yr unig un o'n beirdd i ymateb i'r digwyddiad yn ei gerddi ac mae'n bosibl mai diswyddo a charcharu Saunders Lewis a'i cythruddodd yn hytrach na'r rheswm dros y tân ei hunan. Fel y gog yn yr hen bennill, 'canu a gadael iddo' a wnaeth y rhan fwyaf.

Un bardd a gododd ei lais yn erbyn y militareiddio hwn ar Gymru oedd Iorwerth Peate, a cheir ganddo soned yn gresynu fod Awyrblandy Sain Tathan wedi ei godi ger safle Capel Bethesda'r Fro a'i holl gysylltiadau heddychlon. Tebyg y byddai wedi sonedu yn ffyrnicach byth pe gwyddai am fwriad diweddar Llywodraeth Cymru i ddatblygu Academi Ryfel yno. Ond Waldo Williams yw'r bardd Cymraeg a aeth i'r afael o ddifrif â'r pwnc. Siomwyd ef yn ddirfawr yn 1939 pan feddiannodd y Weinyddiaeth Ryfel chwe mil o erwau bras yng Nghastellmartin yng ngwaelod sir Benfro oherwydd bod y tirwedd yn addas ar gyfer ymarfer tanciau. Fel y noda E. Llwyd Williams yn ei gyfrol *Crwydro Sir Benfro 1*, 'Lle y bu gwenith mae llaib y gynnau'.

Ddeng mlynedd yn ddiweddarach taflodd yr un Weinyddiaeth ei golygon barus dros lethrau'r Preselau. Ond erbyn hyn yr oedd y rhyfel wedi gorffen a llwyddwyd i achub bröydd Moel Drigarn, Carn Gyfrwy a Thal Mynydd rhag rhaib y fyddin. Esgorodd y frwydr hon ar rai o gerddi mawr Waldo a daeth y llinell: 'Cadwn y mur rhag y bwystfil, cadwn y ffynnon rhag y baw' yn faniffesto i sawl cenhedlaeth o genedlaetholwyr. Ofnai Waldo y byddai pridd y dail pren yn cael ei wenwyno gan lygredd storfa arfau Trecŵn, ond gwelai fod grymoedd natur yn drech na militariaeth wrth i'r hen allt aildyfu ac i'r wennol ddychwelyd i'w nyth. A deil yr ehedydd i godi o Weun Cas-mael.

Cyffyrddodd Dic a'r thema fawr hon yn ei awdl 'Yr Ymchwil', a anfonwyd i gystadleuaeth y Gadair Genedlaethol yn 1965. Ynddi mae'n cyferbynnu'r ymchwil a wneir mewn dau sefydliad a noddir o bwrs y wlad. Lleolir y ddau ar lannau Bae Ceredigion. Un yw'r Gwersyll Tanio ym Mharc-llyn, Aber-porth a'r llall yw'r Fridfa Blanhigion ym mhlas Gogerddan, ger Aberystwyth. Mae'n bosibl, o lwyfan y beirniad llenyddol, fod y berthynas rhyngddynt yn y gerdd o safbwynt celfyddydol yn brin o gynildeb; aeth yn ormod o wrthgyferbyniad rhwng lluoedd y fall a grymoedd daioni. Ond yr oedd y canu o fewn maes profiad Dic. Magwyd ef o fewn clyw ergydion arswydus y rocedi a daniwyd allan i'r bae ac yr oedd ei lygad yn ddigon cyfarwydd â dilyn llwybr cwmwl y gwyn a adawent:

> Chwyrnu didor ei chryndodau – yn gwag
>   Ego rhwng y creigiau,
>   Rhwygo yn hir a gwanhau
>   Yn niwl y pell gymylau.

Ar y llaw arall, fel ffarmwr ifanc, byddai ganddo ddiddordeb proffesiynol yn ymdrechion Syr R. George Stapledon a'i dîm o wyddonwyr ym mhlas Gogerddan i briodi gwahanol hadau fel bod dau eginyn yn blaguro lle gynt y bu dim ond un. Yr oedd canu mawl i Manod, Maldwyn, Sbrig a'r Hen Gymro – y trasau o geirch a haidd a ddatblygwyd yn y Fridfa Blanhigion – yn dasg wrth fodd ei galon:

> Dyma uniad amynedd – a gwybod,
> Gobaith a thrylwyredd,
> Chwilio'n ddi-ball yr allwedd
> I roi i ddôl iraidd wedd.

W. D. Williams o'r Bermo a gadeiriwyd yn 1965, ond yn ôl Geraint Bowen, Cilmorcwm, sef ffugenw Dic, oedd cynganeddwr gorau'r gystadleuaeth a byddai wedi bod yn hollol barod i'w gadeirio. Ond yr oedd colyn yn ei feirniadaeth. Meddai:

> Gall Cilmorcwm saernïo englynion, cywyddau a hir-a-thoddeidiau yn flasus. Nid wyf yn amau o gwbl fod ganddo ddawn anghyffredin gyda naddu unedau bach, eithr am saernïo cerdd o hyd awdl, ofnaf nad yw ei ddeallusrwydd yn gallu cyfannu'n bensaernïol, neu y mae yn brin o amynedd ac ymroad i weithio'n hir ar ei greadigaeth.

Rhyfeddai'r ddau feirniad arall, Euros Bowen a Gwilym R. Tilsley, at ddawn gynganeddol Cilmorcwm i greu penillion unigol cwbl arbennig ond cytunai'r tri iddo fethu â chreu cyfanwaith celfyddydol; mynnent mai casgliad o benillion disglair oedd ganddo yn hytrach nag awdl orffenedig. Teimlent ei fod wedi colli golwg ar ei destun am fod rhyw draean o'r awdl yn sylwebaeth gymdeithasol am effaith sefydlu'r Gwersyll Tanio a'r Fridfa Blanhigion. Yr oedd angen rhagor o fyfyrio a chynllunio wrth adeiladu'r gerdd. Ond myn Damian Walford Davies y dylid dychwelyd at 'Yr Ymchwil' oherwydd ei bod yn un o'r cerddi pwysig hynny sy'n ymdrin â phresenoldeb militariaeth mewn cyd-destun gwerinol Cymreig.

Erbyn hyn yr oedd Dic, fel y dywedid, yn eistedd ar fraich y Gadair Genedlaethol gan iddo yn 1964 ddod yn ail i'r buddugol. R. Bryn Williams a enillodd y flwyddyn honno ar y testun 'Patagonia'. Yn naturiol, bu raid i Dic ddibynnu ar y llyfr a brynodd Siân iddo am ei ddeunydd crai gan fod y Paith yn lle dieithr iddo. Er mai canu profiad ail-law sydd yma o raid, gwnaeth ei awdl gryn argraff ar y beirniaid ac fel y dywedodd un ohonynt, E. Gwyndaf Evans, 'Nid bardd i'w ddiystyru mo hwn.'

Flwyddyn yn ddiweddarach yr awdl hon oedd yn fuddugol yng nghystadleuaeth y Gadair yn Eisteddfod Canmlwyddiant y Wladfa. Cynrychiolwyd Dic yn y seremoni yn Nhre-lew gan Kenneth Evans, gŵr o'r Wladfa a fu am rai blynyddoedd cyn hynny yn was fferm y Cilie. Pan aeth Dic ar daith i Batagonia yn 2008, cafodd gyfle i ailgyfarfod â'r gŵr a gododd yn seremoni'r cadeirio. Yn 2016 gwelwyd Siân mewn rhaglen deledu yn mynd allan i'r Wladfa i ddychwelyd y gadair i'w chartref gwreiddiol gan gyfannu'r cylch.

Nid oedd wedi cystadlu am y Gadair yn 1963 ond yn 1962 anfonodd awdl ar Waldo i Eisteddfod Genedlaethol Llanelli o dan y testun 'Llef un yn llefain'. Mewn cystadleuaeth gref a enillwyd gan Caradog Prichard, yr oedd ymhlith y goreuon. Daw ei edmygedd o safiad Waldo dros ei egwyddorion pasiffistaidd yn amlwg:

> Pe bai'n anwir ddihiryn – câi eiriog
> Gewri i'w amddiffyn,
> Nid mor ffraeth brawdoliaeth dyn.

> Wyf ei oriog gefnogwr, – wyf o'i du
> Pan fo dwym y cynnwr',
> O fewn fy nhŷ eofn ŵr,
> Yn y golwg gwrthgiliwr.

> Rhy hoff, i'w gwadu yn rhwydd, – anorfod
> Unffurfiaeth parchusrwydd,
> Rhy ddiddig byd diddigwydd,
> Rhy sownd yw angorau swydd.

Fel y dywedodd T. Llew Jones yn ei feirniadaeth, 'Dyfynnais ddigon, 'rwy'n meddwl, i ddangos fod bardd medrus wrth ei waith yma.' Ond â ymlaen i ychwanegu, 'Nid yw cerdd fel hon yn costio'n ddrud i gynganeddwr da. Bodlonodd ar fraidd-gyffwrdd â thema sy'n ymddangos i mi yn un gyfoethog iawn o fyfyrio uwchben ei holl agweddau.' Mae'n amlwg fod beirniadaethau cytbwys, adeiladol a llym 1962, 1964 ac 1965 wedi chwarae rhan bwysig yn natblygiad yr awdlwr ifanc a gododd i hawlio'r Gadair yn Aberafan y flwyddyn ganlynol gyda cherdd arbennig iawn.

Mae'r sôn am Waldo yn mynd â ni yn ôl at y gwersyll milwrol Saesneg a'r fro Gymraeg. Ond er bod pethau'n

edrych yn ddu a gwyn yn 'Yr Ymchwil' yr oedd y darlun
mewn gwirionedd yn fwy llwyd gyda'r ddau liw, fel y
ddwy gymdeithas, yn ymdoddi i'w gilydd i ryw raddau. Yr
oedd y rhyfel drosodd ond yr oedd gwersylloedd Pennar a
Blaenannerch bellach yn rhan o'r tirlun cymdeithasol. Er i
ddyfodiad y gwersylloedd dorri calon rhai o'r perchenogion
a gollodd eu ffermydd, daeth â bendithion i eraill a bu'n hwb
sylweddol i economi bro wledig a oedd wedi ymgyfarwyddo
â byw yn fain. Yn ystod cyfnod y Rhyfel Oer ehangodd y
gweithlu'n sylweddol a chyflogwyd nifer fawr o bobl leol gan
RAE. Yn y blynyddoedd hynny cludid cannoedd yn ôl ac
ymlaen i'r gwaith yn y bysys a ddarperid gan y sefydliad:

> Mae'r confoi ar droi i dref,
> Diwydrwydd yn mynd adref,
> O'r Pennar llu'n ymarllwys
> I seddau'r bysiau ar bwys.
> Gweithwyr esmwyth yr wyth awr
> Sy deilwng o fws deulawr.

Saif y llythrennau RAE am Royal Aircraft Establishment ond
yn lleol adnabyddid y lle fel y gwersyll Rest And Enjoy. I werin
bobl a oedd wedi hen arfer â chaletach tasgau nid oedd yr wyth
awr ddyddiol namyn gwyliau lle gallai gwaith a gorffwys yn
fynych fynd yn un. Pan ganai'r hwter derfyn dydd, dychwelent
i wneud diwrnod arall o waith ar eu tyddynnod yn y byd go
iawn. Yn fuan dysgodd y gymdeithas leol ddarbodus fod modd
byw yn fras ar sbarion gwastrafflyd y gwersyll.

Fel cyflogwr da byddai'r RAE yn cynnig nifer o
brentisiaethau i fechgyn lleol. Gan fod cystal adnoddau a

hyfforddiant ar gael o fewn y gwersyll, byddai cystadlu brwd amdanynt a byddai llwyddo i ennill un yn gyfystyr â chael mynediad i unrhyw brifysgol. Bu'r prentisiaethau hyn yn gam cyntaf i nifer o wŷr busnes lleol.

Byddai plant Blaenannerch yn casglu yn yr YMCA a agorwyd yng nghysgod y maes awyr, a chan mai Pwyliaid oedd y rhan fwyaf o'r aelodau caent gyfle i flasu iaith a diwylliant arall. Yn y cyfnod hwnnw manteisiai Dic a'i ffrind Iwan ar y cyfle i fynd yno fin nos i chwarae pêl-droed, darts a snwcer. Yr oedd yn gyfle i blant y wlad a fagwyd yng nghlyw partïon cydadrodd a cherdd dant yr Aelwyd ehangu eu gorwelion.

Ar y dechrau byddai pobl y gwersyll a'r brodorion yn byw fel dwy gymdeithas annibynnol o fewn yr un plwyf gyda'r iaith a'r diwylliant yn glawdd terfyn rhyngddynt. Ond dros y blynyddoedd, wrth i'w llwybrau gyfarfod fwyfwy, ymdoddodd y ddwy garfan i'w gilydd gyda nifer gynyddol o unigolion yn chwarae rhan yn y ddau fyd. Yr oedd Sally Davies Jones, a fu'n gyfeilydd yna'n arweinydd i Gôr Meibion Blaen-porth, hefyd yn ysgrifenyddes i'r Commander yn yr RAE. Yr oedd hi'n ddynes o ddylanwad yng nghoridorau grym y gwersyll a thu allan yn y gymdeithas ehangach hefyd. Enillodd Iwan, ffrind Dic, fywoliaeth gysurus fel swyddog diogelwch ym Mharc-llyn. Ar ben hynny yr oedd Clwb Cymdeithasol y Camp yn cynnig diodydd rhad a lle hwylus i gynnal digwyddiadau swyddogol i'r gymdogaeth.

Ond rywfodd, er i'r boblogaeth gynhenid dderbyn presenoldeb y brics a'r mortar a wthiwyd arnynt ar awr o argyfwng, ni choleddwyd militariaeth y sefydliad hwnnw gan gydwybod Anghydffurfiol yr ardal. Cofiaf am Martin Rees, swyddog diogelwch a chyd-weithiwr i Iwan, yn cael ei anfon yn ei lifrai swyddogol am gyfnodau i Gomin Greenham er mwyn gwarchod y ffiniau ar yr adeg pan oedd merched y Mudiad Heddwch yn amgylchynu'r gwersyll yno. Ar ôl iddo ddychwelyd a diosg ei iwnifform byddai Martin, dros beint, yn barod iawn i gyfaddef o waelod calon mai 'y merched bach' oedd yn iawn.

Heddychwr greddfol oedd Dic hefyd. Daw ei basiffistiaeth i'r golwg yn y soned 'Capel'. Ynddi mae anallu yr enwadau crefyddol i fyw yn ôl y Deg Gorchymyn yn cael ei danlinellu:

> Pregethwyd y 'Na Ladd' yn sŵn amen
> Yr etholedig wyth o'u pulpud pîn
> Sawl canwaith, siŵr o fod. Eithr fe roed sen
> (Mae rhagor, medden nhw, rhwng trin a thrin)
> Ar ddau neu dri o'i feibion ef a fu'n
> Rhy ddewr i fynd i 'farw dros eu gwlad',
> Gan gyndyn ddal fod siwt brawdoliaeth dyn
> Yn ffitio'n ddigon gwell na chaci'r gad.
> Usuriaeth; fe ddaeth honno dan ei lach
> Yn awr ac yn y man, gan lwyr foddhau
> Y dorf, ac eto bwriwyd hatling fach
> Plât casgliad Cred i brynu dryll nau ddau.
> Ar fur tu cefn i'r pulpud hoeliwyd plac
> I goffa meirwon trin, a chuddio'r crac.

Tebyg bod cof y teulu am y Richard arall hwnnw, mab Pen-y-graig, a fu farw yn y Rhyfel Mawr yn llefaru yn y soned hon. Mae'n ymosodiad deifiol ar ragrith crefyddol. Fan yma cawn ragflas o'r nodau dychanol sydd yn nodwedd gyson yn ei gerddi diweddarach wrth iddo daflu ei olygon sinigaidd dros y byd a'i bethau yn ei golofn wythnosol yn y cylchgrawn *Golwg*.

Ddeugain mlynedd yn ddiweddarach, gyda'r rhyfeloedd yn y Dwyrain Canol yn eu hanterth, yr oedd ei gredo yr un mor gryf:

> Bydd dial o'r anialwch – yfory
> Nes adferir tegwch
> I atal llid plant y llwch,
> Ni all lladd ennill heddwch.

Erbyn hyn, mae'r llinell glo wedi ennill ei lle fel un o ddiarhebion modern yr iaith.

Yr oedd Waldo, wrth gwrs, yn un o arwyr Dic ac yr oeddynt yn gynnar iawn, trwy T. Llew Jones, yn gydnabyddus â'i gilydd. Er nad oes olion amlwg o ddylanwad Waldo ar arddull Dic, mae'n sicr fod tirwedd y bardd a'r heddychwr wedi gadael eu hôl arno; yr un oedd eu bydolwg y naill ochr a'r llall i'r Preselau. Yng ngeiriau'r cwpled ymryson hwn o eiddo tîm De Ceredigion:

> Nid yw'r byd i gyd o'i go'
> O'i weld drwy sbectol Waldo.

Temtiwyd Dic unwaith i gyfieithu cân enwog Waldo, 'Cofio', i'r Saesneg. Wedi iddo gyflawni'r dasg dangosodd hi i Waldo gan gyfaddef ei fod wedi methu â throsi'r testun yn llwyddiannus. Teimlai fod 'Remembering' yn brin o holl gynodiadau cyfoethog y gair Cymraeg. Gofynnodd i Waldo a oedd ganddo unrhyw awgrymiadau. Ystyriodd Waldo y mater yn ddwys am eiliad neu ddwy cyn ychwanegu na fyddai ef yn ei gyfieithu o gwbl. A dyna'r gair terfynol ar y mater hwnnw.

Yr oedd Waldo yn un o gyfeillion agos T. Llew Jones a thebyg bod agwedd y ddau at heddwch wedi eu tynnu yn nes. Cafodd y

T. Llew ifanc ei ddrafftio i'r fyddin cyn iddo gael amser i feddwl a threuliodd yr Ail Ryfel Byd yn gyfan gwbl yn ei lifrai milwrol yn yr Eidal a gogledd Affrica. Bu gadael ei deulu bach yng Nghymru yn brofiad hunllefus iddo ac o'r herwydd troes yn heddychwr argyhoeddedig. Diddorol oedd darllen cyfaddefiad T. Llew yn y cylchgrawn *Barddas* mai'r gân a ysgrifennodd i ferched Comin Greenham oedd y bwysicaf, yn ei dyb ef, o'i holl gerddi.

Un arall o heddychwyr cyfeillach y Pentre oedd y Capten Jac Alun Jones. Yr oedd yn wrthwynebwr cydwybodol i ryfel ac yn ddigon dewr, fel capten ar long fasnach, i hwylio drwy ganol y gynnau pan fyddai raid. Cafodd gynnig un o anrhydeddau pennaf y Frenhines am ei ddewrder yn ystod y rhyfel ond fe'i gwrthododd. Ar y llaw arall, cafodd ei gyfraniad ei anwybyddu yn llwyr gan swyddogion Capel y Wig, Pontgarreg, pan drefnwyd cyngerdd i anrhydeddu meibion y capel a ddychwelodd adref o'r lluoedd arfog wedi'r rhyfel.

Dychwelwn at erthygl Damian Walford Davies am y sefydliadau militaraidd yng Nghymru. Fe'i hysgrifennwyd fel cefndir i ddilyniant o gerddi a anfonodd i gystadleuaeth y Goron yn Eisteddfod Genedlaethol Dinbych yn 2013. Lleolwyd y dilyniant ym milltir sgwâr Dic lle mae perci'r cynhaeaf wedi troi yn faes brwydr rhwng adnodau NATO a chanonau'r Bregeth ar y Mynydd. Yn ei feirniadaeth dywed Ceri Wyn Jones, 'Y presenoldeb amlwg yn y cerddi yw'r awyrennau dibeilot, y drôns bondigrybwyll, sy'n cael eu datblygu a'u profi gan y Weinyddiaeth Amddiffyn uwchlaw Aber-porth'. Nid datblygiad newydd mo hwn cans fe'n hatgoffir gan Dic yn ei hunangofiant, *Os hoffech wybod …*, fod arbrofion tebyg yn cael eu cynnal yn yr 1950au ac y byddai darnau o fetel yn cwympo ar gaeau Tan-yr-eglwys a'r Hendre o dro i dro wrth i rai o'r modelau cynnar fethu cyrraedd pen eu taith. Mae'n wyrth na chafodd neb ei ladd gan y 'friendly fire' hwn.

Hanner canrif yn ddiweddarach mae'r drôns cyfoes yn dal i hedfan dros y gymdogaeth. Erbyn hyn mae cenhedlaeth newydd o awyrennau dibeilot yn bwrw eu cysgod dros y waun. Oherwydd bod tiroedd yr Hendre yn gyfochrog a'r Drôm a chan fod y tŷ byw yn gorwedd ar y llwybr unionsyth rhwng y maes awyr a'r môr, mae Siân wedi gorfod dygymod â'r twrw bygythiol yn ystod y blynyddoedd diwethaf. Mae hi yn un o'r ymgyrchwyr lleol mwyaf blaenllaw yn eu herbyn ac yn un o ffyddloniaid cyfarfodydd protest Cymdeithas y Cymod.

Un o ogoniannau cerddi Damian Walford Davies yw eu bod yn anesmwytho cydwybod. Ceir ynddynt haen ar ben haen o ystyron ac is-ystyron wedi eu plethu yn ei gilydd i greu brodwaith o'r ymdreiddio a fu rhwng dau ddiwylliant ers dyfodiad y Weinyddiaeth Ryfel i Aber-porth. Mae'n gweithio ar gymaint o wahanol lefelau. Yn gam neu'n gymwys ni allaf lai nag ymdeimlo â phresenoldeb Dic ynddynt. A oes awgrym o gerdd goffa iddo yn y llinellau canlynol?

> Yn dy salwch olaf, daethom yma droeon
> I eistedd ar y fainc uwchben y môr.
> *Lle teg* dywedaist; *ein huchel gaer,*
> *ein harlech* – fel petaet yn clywed
> côr Rhiannon rywle dros y bae.

Efallai mai rhamantu'r ydwyf. Ond, lle bu Adar Rhiannon yn diddanu'r saith a ddychwelodd o'r brwydro yn Iwerddon, daeth sgwadron o Spitfires i gymryd eu lle wrth fynd a dod yn ystod rhyfel arall ac erbyn hyn, haid newydd o adar ysglyfaethus sy'n hofran dros gaeau ffrwythlon yr Hendre.

Bydd gŵr diorffwys yn torri cwysi

Bachgen tawel na thynnai sylw ato'i hunan oedd Dic yn Ysgol Uwchradd Aberteifi, ond fel yr ategodd June Lloyd Jones, a oedd yn yr un dosbarth ag ef, yr oedd ei gyd-ddisgyblion yn ymwybodol iawn o ddyfnder talent y crwt o Dan-yr-eglwys. Disgleiriodd yn ei arholiadau terfynol ac fe fyddai wedi medru parhau â'i addysg pe dymunai. Ond yr oedd ei angen adref ar y fferm. Gwyddai mai yno'r oedd ei le ac edrychai ymlaen at y diwrnod y byddai'n ddigon hen i adael yr ysgol er mwyn ffermio Tan-yr-eglwys gyda'i dad. Genhedlaeth yn ddiweddarach yr un oedd hanes Brychan; nid oedd ganddo yntau chwaith ddim i'w ddweud wrth addysg Seisnig ffurfiol y Cardigan County Grammar School. Mewn gwirionedd mae 'Cân Brychan' yn gân i'r tad ac i'r mab:

> Pwy fynd i'r ysgol yn yr haf
> A ni ar ddechrau'r tywydd braf?
>
> Pwy wrando athro fore hyd nos
> A deryn du ym Mharc Dan Clos?
>
> Pwy eiste lawr, a'r drws ar gau,
> A Dad yn disgwyl help i hau?
>
> Pwy adael Ffan o naw hyd dri
> Heb neb i chwarae gyda hi?

Mae'n bosibl fod Brychan yn nes at y tir, a'r môr, na'r plant eraill. Nid oes ryfedd ei fod mor gysurus wrth gyflwyno'r cyfresi teledu diweddar ar enwau caeau yng Nghymru.

Flwyddyn neu ddwy ar ôl i Dic adael yr ysgol dirywiodd iechyd ei dad a phenderfynwyd symud o Dan-yr-eglwys, lle rhent, a phrynu'r Hendre gerllaw oddi wrth ei Wncwl Wyn, brawd ei dad. Ac yno ar y fferm deuluol o saith deg pump erw y treuliodd ei oes yn dilyn 'crefft gyntaf dynol ryw'. Fferm gymysg ydoedd, yn ôl y patrwm ar y pryd, yn cadw da godro, da stôr a defaid ynghyd â moch, gwyddau a ffowls ac yn codi cnydau o wair a llafur i'w cynnal.

Canodd Ceiriog yn ei gerddi i Alun Mabon am y newidiadau sy'n digwydd o rod i rod ym myd amaeth ac yr oedd oes Alun diweddarach, yn y Cilie, yn rhychwantu cyfnodau'r fedel a'r combein. Diau hefyd i Dic ym more oes ddilyn pâr o geffylau a chydio yn neucorn yr aradr. Dyna'r ddelwedd a welir ar siaced lwch ei gyfrol gyntaf *Agor Grwn*, a chlywais Dic yn gresynu na chafodd 'Yr Aradr' ei osod yn destun ar gyfer yr awdl genedlaethol mewn cyfnod pan oedd y cysylltiad rhwng trwch y boblogaeth a'r tir yn dipyn nes nag yw erbyn hyn. Y Ffyrgi Fach oedd ei gaseg ef ac mae'r darlun poblogaidd ohono yn ei gyrru ynghyd â'r englyn oddi tano yn gofeb i ffordd o fyw sydd bron â diflannu o'r tir bellach:

I'r maes os daeth grymusach – tractorau
I'w cytiroedd mwyach,
Rhywfodd daw dyddiau brafiach
I gof o weld Ffyrgi Fach.

Ffermwr modern oedd Dic ac roedd yn fwy na pharod i dderbyn dyfeisiadau'r oes newydd er mwyn hwyluso'r gwaith. Yr oedd yn

hollol gysurus ar gefn ei gwod-beic mewn cyfnod diweddarach
ond daliai i barchu crefft a gwybodaeth y genhedlaeth a fu'n
crafu bywoliaeth o'r tir cyndyn mewn cyfnodau caletach. Yr
oedd yn ymwybodol iawn o'r gwaddol a drosglwyddwyd iddo:

> Ym môn yr egin mae hen rywogaeth,
> Yn nhwf y gweryd mae hen fagwraeth,
> I'r oen a'r ebol mae hen fabolaeth
> Ac yn eu hesgyrn mae hen gynhysgaeth,
> I minnau'n eu hwsmonaeth – mae'n y rhos
> Ryw swyn yn aros sy'n hŷn na hiraeth.

Ond ar gefn ei dractor ni fyddai'n hiraethu'n ormodol am oes y
bladur.

Yn 1946 enillodd Geraint Bowen y Gadair am ei awdl
'Moliant i'r Amaethwr'. Mae'n gerdd gywrain ei chrefft ac mae'r
cwpled:

> Y gŵr a arddo'r gweryd,
> A heuo faes, gwyn ei fyd.

wedi ymsefydlu fel un o ddyfyniadau mwyaf cofiadwy'r iaith.
Bedair blynedd yn ddiweddarach enillodd Gwilym R. Tilsley
y Gadair am ei awdl 'Moliant i'r Glöwr'. Gan fod hon mor
deimladwy a chanadwy datblygodd yn un o ffefrynnau partïon
cerdd dant. Ond profiad ail-law ar y cyfan a ganwyd gan y ddau
er i Geraint Bowen, gan ei fod yn wrthwynebydd cydwybodol,
weithio ar ffermydd yn ystod y rhyfel. Arolygydd ysgolion oedd
Geraint Bowen a gweinidog yr efengyl oedd Gwilym Tilsley.
Gweld y ffermwr o'r tu allan a wnaeth R. S. Thomas hefyd

pan sylwodd ar bridd llaith bywyd Iago Prytherch ar fryniau
Maldwyn. Trwy lygaid oer, amhersonol y gwelodd y ffermwr
wrth ei waith yn ei gerddi pwerus. Nid bugeilgerddi mab y
mynydd ydynt ond ymson offeiriad yn chwilio'r gwirionedd yn
nhir neb gwacter ystyr.

Yn Aberafan yn 1966 cafodd Dic gyfle i ganu ei gân ei
hunan. Yr oedd ef a'i destun 'Cynhaeaf', wedi mynd yn un,
a hynny, yng ngeiriau Thomas Parry, 'trwy un o wyrthiau
anesboniadwy'r awen'. Dyma, meddai, 'un o'r awdlau gorau a
ddaeth erioed i gystadleuaeth Eisteddfod'. Canwyd yr awdl gan
fardd a oedd yn hen gyfarwydd ag agor grwn, llyfnu, hau, lladd
gwair, torri llafur, dyrnu, godro buwch, ac ar ben hynny, gan
un a oedd yn ei chyfrif yn fraint ac yn bleser i gael gwneud y
gwaith. Mae'r canu yn hollol afieithus, fel y darn cywydd hwn i
Seren yn bwrw ei llo:

Seren ni chny'n gysurus
Heno'i chil, mae'n domen chwys
Yn beichio cwyn ei baich cudd,
Gan flewynna'n aflonydd.
Mae poen ei thymp yn ei thor,
A gwasg ei phyliog esgor.
Y bore rwy'n hyderu
Y gwelaf lo braf o'i bru
Yn sodren ei ansadrwydd,
Yno yn rhemp sugnwr rhwydd,
Byw lygad, gwastad ei gefn,
Tew o'i fongwt i'w feingefn,
Dwyglust wleb ac wyneb gwyn,
Glewaf lo, gloyw'i flewyn.

Dim ond ffermwr go iawn fedrai ganu fel yna. Mae'r awdl yn gofnod bardd o galendr yr amaethwr ac yn frith o ddarluniau cofiadwy. Ar ben hynny, mae'n ddathliad o berthynas dyn â'r pridd o'r cychwyn cyntaf a daw geiriau R. S. Thomas am Iago Prytherch i gof, 'He will go on; that much is certain.'

Mae 'Cynhaeaf' yn cwmpasu cylchoedd yr amaethwr fesul blwyddyn ac fesul blynyddau. Erys yn destament i sefydlogrwydd y bywyd gwledig. Mae David Jenkins yn cloi ei astudiaeth o gymdeithaseg Aber-porth yn delynegol:

> When September comes again, the schools reopen,
> summer holidays are over, the weather breaks up
> and the visitors leave. Last year's announcements
> and notices are repeated, the farmers look forward
> to seeing the harvest over and the threshing done.
> Another year is gone and winter comes again.

Mae'n ddisgrifiad cywir o'r fro a'r bywyd a fowldiodd awen Dic.

Cafodd yr awdl a'i hawdur dderbyniad anhygoel yn ôl yn ei fro. Yr oedd ffermwr lleol, Hywel Thomas, Cnwc-yr-ehedydd, wedi dotio arni i'r fath raddau fel y gallai ei hadrodd yn gyfan gan wneud hynny bob cyfle a gâi. Mae'n rhyfeddol gymaint o bobl hyd yn oed heddiw a all ddyfynnu'n helaeth o awdlau Dic. Ni allaf feddwl am unrhyw gerddi eisteddfodol eraill i'w cymharu â hwy yn hyn o beth, ar wahân, efallai, i 'Mab y Bwthyn' yn ei chyfnod.

Nid y lleiaf o ragoriaethau'r awdl oedd asbri afieithus y cynganeddau. Ymysg y beirniaid swyddogol cyfeiria T. H. Parry-Williams at 'rin a newydd-deb amheuthun' y trawiadau, tra bo D. J. Davies yn mynnu fod yr awdur yn 'un o'r cynganeddwyr

gorau'n fyw'. Awdlau'r brifwyl o 1950 tan 1999 oedd maes
ymchwil doethuriaeth Donald Evans. Wedi iddo ddadansoddi
holl linellau awdlau'r hanner canrif daeth yn amlwg mai
'Cynhaeaf' Dic oedd a'r cyfartaledd uchaf o gynganeddion croes-
o-gyswllt, sef pedwar ar ddeg y cant. O ran cywreinder crefft, saif
'Cynhaeaf' yn gymar teilwng i awdl 'Yr Haf', R. Williams Parry
o hanner cynta'r ganrif. I haneswyr llên y dyfodol bydd 1966 yn
garreg filltir gan fod awdl Dic wedi tanio'r dadeni cynganeddol
a fu'n gymaint rhan o farddoniaeth Gymraeg dros y ddau
ddegawd a ddilynodd. Yn ei ddarlith yn Eisteddfod Genedlaethol
Maldwyn yn 2015 bu'r Athro Peredur Lynch yn trafod yr awdlau
cenedlaethol buddugol o 1858 ymlaen gan ddewis y gorau a'r
gwaethaf; am y gorau oll ohonynt, 'Cynhaeaf' oedd honno.

Rhaid, er hynny, roi'r gair olaf i'r trydydd beirniad yn 1966,
sef Thomas Parry. Wrth gloi ei werthfawrogiad o awdl Dic, a
oedd yn dwyn y ffugenw Bryn Coed, mae'n cyhoeddi i'r byd:

Os bu rhywun erioed yn haeddu cadair ac arian a
chlod, y mae Bryn Coed yn eu haeddu. Ond ei wobr
bennaf fydd gwybod ei fod wedi ysgrifennu cerdd
sy'n gampwaith, a boed i ninnau oll ddiolch iddo yn
wylaidd amdani – ac erfyn am ragor o'i chyffelyb.

A dyna a gaed yn Aberteifi ddeng mlynedd yn ddiweddarach.
'Gwanwyn' oedd y testun yn Aberteifi ac mae awdl Dic yn
gymhares agos i 'Cynhaeaf'. Maent yn gymaint pâr â dau gi
tsieina yn wynebu ei gilydd o boptu'r tân. Mae'r arddull erbyn
hyn ychydig yn fwy clasurol, efallai, oherwydd i Syr T. H. Parry-
Williams yn ei feirniadaeth nodi fod rhai geiriau 'lleol' yn awdl
1966 a fyddai'n galw am eglurhad. Er hynny, yr un yw'r thema

oesol. 'Cynhaeaf cynaeafau' gafodd ei gywain i ydlan 1966;
dathlu Gwanwyn yr holl wanwynau a wnaed yn Aberteifi.

Yn Aberteifi daeth dwy awdl i'r brig mewn cystadleuaeth
anarferol o gryf o ran nifer ac ansawdd. Teimla Gwyn Thomas
nad yw dyn fawr elwach o geisio dyfarnu rhwng dwy awdl o
gystal safon. Er hynny mae'r tri beirniad, Gwyn Thomas a'r
ddau arall, James Nicholas a B. T. Hopkins, yn cytuno fod Dic
ychydig ar y blaen. B. T. Hopkins oedd y mwyaf pendant ei farn
yng nghyfrol y Cyfansoddiadau. Meddai am awdl Dic:

> Mae Rhos y Gadair yn sicrach ei gyffyrddiad, a mwy
> dyfeisgar a chynnil, ac yn ddyfnach a chyfoethocach
> ei grebwyll, ac yn fwy gloyw a newydd.

Dyna'r farn gyffredin ymhlith carwyr y pethe. Teimlent, er
cystal oedd awdl Alan Llwyd, fod Dic wedi cyrraedd tir uwch.
Ddeugain mlynedd yn ddiweddarach mae amser fel pe bai wedi
cytuno a'r beirniaid swyddogol ac answyddogol. Ond Dic ac
Alan fyddai'r cyntaf i awgrymu mai beirniad go anwadal yw
hwnnw ar adegau.

Ar brynhawn y cadeirio traddodwyd y feirniadaeth o'r
llwyfan gan James Nicholas a ddyfarnodd mai gan Rhos y
Gadair y cafwyd yr awdl orau a'i bod yn deilwng o'r Gadair.
Yna camodd yr Archdderwydd R. Bryn Williams ymlaen
i wneud ei ddatganiad hanesyddol. Dywedodd fod Rhos y
Gadair, am iddo dorri un o'r rheolau, wedi cael ei ddiarddel
o'r gystadleuaeth ac y byddid yn symud ymlaen i gadeirio'r ail
orau, Tyst o'r Tir, sef Alan Llwyd.

'A oes heddwch?' fel arfer, oedd cwestiwn yr Archdderwydd
y prynhawn hwnnw. Mae'n wir i un person godi ei lais mewn

gwrthdystiad, ond anwybyddwyd y brotest ac aed ymlaen i
gadeirio Alan Llwyd digon anhapus ei olwg. Ni pharhaodd
yr heddwch gan i'r dadlau ymestyn ymhell tu hwnt i Faes ac
wythnos yr Eisteddfod. Aeth Ifor Owen Evans gyda Dic i fart
Dolgellau ychydig ar ôl hynny a chafodd syndod mai helynt
Cadair Aberteifi, yn hytrach na phris y lloi, oedd ar wefusau
pawb.

Yn dilyn y cadeirio, llwyddodd Cadeirydd y Pwyllgor Llên i
gael Alan Llwyd a Dic i ysgwyd llaw ar lwyfan y Babell Lên
mewn sioe o gymodi. Ond, fel y dywedodd Geraint Talfan
Davies yn y *Western Mail*, 'and shake they did, with all the
warmth of an Ali-Frazier weigh-in.' Yr oedd hyn, wrth gwrs,
yn fêl ar fysedd y cyfryngau a chafwyd nifer o lythyron yn y
wasg yn pledio achos y naill a'r llall.

Bu ychydig o sgwario lan rhyngddynt beth amser cyn
hynny – 'sledging' fyddai term y llain griced am y digwyddiad.
Ymddangosodd englyn gan ŵr yn dwyn yr enw J. O. Davies,
Deganwy yng ngholofn farddol Alan Llwyd yn *Y Cymro* yn
cyhuddo'r colofnydd o fod yn rhy blwyfol; teimlai'r englynwr ei
fod yn talu gormod o sylw i aelodau ei ddosbarth cynghanedd ym
Mhenllyn a disgrifiodd y golofn fel 'Bwrdd billiards beirdd y Bala'.
Denwyd nifer o englynwyr i'r ffrae, megis R. J. Rowlands, W. J.
Williams, R. O. Williams, Robert Eifion Jones, Gwynlliw Jones a
John Glyn Jones. Daeth Alan Llwyd i faes y frwydr i amddiffyn
aelodau'r dosbarth yn y Bala yn wyneb cyhuddiadau J. O. Davies:

> Os bydd 'heth' ym mro'r 'Pethe' – fe'i rhof hi,
>   Er ei farn anaele,
>   Yn fwrdd darts i feirdd y De,
>   Colofn i fois y Cilie!

Ar ôl i'r maes gael ei estyn aeth J. O. Davies ymlaen i gyhuddo beirdd godre Ceredigion o orodro Seren, y fuwch a fu'n bwrw llo yn 'Cynhaeaf'. Gwelir hi hefyd yn gaeafu yn 'Gwanwyn' ddeng mlynedd yn ddiweddarach:

> Brefodd yn Aberafan – a hefyd
> Yn Nheifi o bobman;
> A oes gŵr ar faes y gân
> A fedr rifo ei hoedran?

Daeth ymateb o gyfeiriad y Pentre Arms yn Llangrannog. Teimlai'r criw a gwrddai yno ar nos Sadyrnau fod gwiwer, yr un mor hirhoedlog â Seren, yn prancio o gangen i gangen drwy gerddi Alan Llwyd. Bedyddiwyd hi ganddynt yn 'Gwiwer, gwiwer dragywydd'. Ond mae'r gair olaf yn yr ymryson hwnnw yn perthyn i J. O. Davies, pwy bynnag oedd hwnnw:

> Oes Seren a fesurwyd, – ond er hyn
> Ei hen dras a gadwyd
> Yn fyw eilwaith, fe welwyd
> Enwi'i llo yn Alan Llwyd.

Nid oes amheuaeth na fu'r ymryson hwyliog hwn yn hwb sylweddol i werthiant wythnosol y papur ac o fudd ariannol i berchnogion *Y Cymro*, a gyflogai Alan.

Bu'r ddau fardd eu hunain yn fwy cymedrol yn eu datganiadau cyhoeddus. Yn ei golofn yn *Y Cymro* noda Alan Llwyd ei bod yn bryd anghofio'r helynt a symud ymlaen gan awgrymu yn chwareus y dylai'r Eisteddfod ystyried gwahodd y ddau ohonynt i gydfeirniadu ar y Gadair yn y dyfodol agos.

Gwnaed hynny yn y Rhyl yn 1985, ond fel mae'n digwydd anghytuno a fu eu rhan yn y fan honno hefyd.

Canmolwyd awdl Dic yn frwd gan Alan yn ei golofn: 'Awdl odidog iawn ar lawer ystyr yw hon. Awdl gampweithiol yn wir.' Mewn colofn arall ychwanegodd:

> Gêm yw'r Eisteddfod Genedlaethol, ac oherwydd
> hynny, ni ddylem bwdu na chwarae triciau budron (ac
> fe waned hynny droeon) na bod yn eiddigeddus, dim
> ond derbyn pethau fel y dônt, yn yr ysbryd iawn ...
> Wedi'r cyfan y gerdd sy'n bwysig.

Ategwyd hyn gan Dic yn ei gyfweliadau radio a theledu gan nodi bod Eisteddfod Aberteifi yn freintiedig o gael dwy awdl o safon i'w dathlu. Ac yn driw i'r dyhead, symudodd y ddau ymlaen i wneud cyfraniadau aruthrol ym myd barddas. Ond er i'w llwybrau gwrdd o dro i dro, ni ellir lai na synhwyro mai 'partnyrs gwŷr byddigion' oeddynt.

Gan fod swyddogion yr Orsedd a'r Eisteddfod wedi penderfynu, yn weddol hwyr yn y dydd, na ellid cadeirio Dic, nid oes amheuaeth na roddwyd pwysau mawr ar Alan Llwyd i dderbyn y Gadair er mwyn arbed y sefyllfa a'u crwyn eu hunain. Yn ôl ei hunangofiant, ei reddf oedd ei gwrthod a phe bai wedi cael mwy o amser i ystyried mae'n bosibl mai dyna a fyddai wedi ei wneud. Ond ildio a wnaeth yn y diwedd a hynny, fel y dywedodd, rhag siomi'r dorf gyda chadair wag a chreu rhagor o embaras i'r Eisteddfod. Nid oes amheuaeth na fu i'r helynt daflu tipyn o ddŵr oer ar gamp Alan Llwyd wrth ennill y dwbl-dwbl. Byddai'n deg dweud fod llawer ar lawr gwlad yn cydymdeimlo ag ef, a rhai, hyd yn oed, yn Aber-porth.

Barnai Alan y dylid bod wedi tynnu awdl Rhos y Gadair allan o'r gystadleuaeth ac na ddylai fod sôn amdani ym meirniadaethau'r Cyfansoddiadau. Pan ymddangosodd y gyfrol, awdl Dic gafodd y lle blaenaf – atodiad ar y diwedd yw awdl y bardd a gadeiriwyd. Mae'n debyg i'r Eisteddfod agor trafodaethau gyda'r cyhoeddwyr, Gwasg Gomer, i drafod y sefyllfa a'r posibiliadau ond mynnodd y wasg fod y cais wedi dod yn llawer rhy ddiweddar a bod y gwaith wedi ei gwblhau. Yr unig beth y gellid ei wneud oedd ychwanegu awdl Tyst o'r Tir ar ddiwedd y gyfrol.

Tybed a oedd Gomer, drwy wrthod y cais, yn ceisio tywys yr Eisteddfod i dderbyn barn y beirniaid ac anwybyddu'r helynt? Yn ôl rhestr enillwyr y Cyfansoddiadau, Dic Jones, Yr Hendre, Blaenannerch, nid Alan Llwyd na Richard Lewis Jones o Hwlffordd, sef yr enw ar y ffurflen a anfonwyd i mewn gyda'r gwaith, yw enillydd y Gadair. Nid oes chwaith unrhyw nodyn o eglurhad pam bod awdl y Gadair yn Eisteddfod Genedlaethol Aberteifi a'r Cylch, 'Y Gwanwyn', gan Alan Llwyd, wedi ei rhwymo yn y cefn. Sylwer bod y fannod, mor gynnar a hyn, yn dechrau ymgartrefu o flaen y testun gwreiddiol.

Gwyddai Alan, a oedd yn gweithio yn y byd cyhoeddi ar y pryd, y gellid bod wedi gwneud mwy i adfer y sefyllfa. Ond yr oedd perchnogion Gwasg Gomer yn ddigon o ddynion busnes i wybod y byddai cael dwy awdl am bris un yn gynnig gwerth chweil. Yr oedd eu greddf fasnachol yn iawn gan i dros chwe mil o gopïau o'r Cyfansoddiadau gael eu gwerthu ar ddydd Iau'r Eisteddfod a mil arall ar y dydd Gwener.

Yn y cornel arall teimlai Dic hefyd na chafodd chwarae teg gan swyddogion yr Orsedd a'r Eisteddfod. Yr oedd yn ddigon parod i gyfaddef ei fod wedi torri llythyren y ddeddf, ond nid ei hysbryd, drwy fod yn bresennol yng nghyfarfod cyntaf y Pwyllgor Llên lleol. Aeth yno gyda'r bwriad o sicrhau y byddai ei athro barddol, Alun Cilie, yn cael gwahoddiad i fod yn un o feirniaid y Gadair yn Aberteifi.

Mae'n wir i'r testun gael ei drafod, ond, ar y pryd, dim ond un dewis o blith dau oedd 'Gwanwyn'. Yn rhyfedd iawn, 'Castell' oedd y dewis arall, yn enwedig o gofio am awdl fuddugol Ceri Wyn Jones yn 2014, lle'r oedd Alan Llwyd yn beirniadu. Ond ymhen ychydig fisoedd newidiodd popeth gyda marwolaeth Alun ar ddydd Gŵyl Dewi 1975, rhyw ddau fis ar bymtheg cyn yr Eisteddfod, ac ni fu gan Dic unrhyw ran yn y broses o ddewis beirniad arall nac wrth benderfynu ar y testun terfynol. Mynnai, petai wedi cael rhyddid i ddewis y tri beirniad a'r testun, y byddai'r dasg o ysgrifennu awdl a allai ennill y Gadair yn dal i'w wynebu. Credai'n gydwybodol mai cyfrifoldeb pennaf yr Eisteddfod oedd anrhydeddu awdur y gerdd orau, a byddai'n ddigon parod i amenio geiriau Alan Llwyd a ddywedodd wrth feirniadu cystadleuaeth y Goron yng Nghwm Rhymni yn 1990, 'chwilio am lunwyr celfyddyd yr oeddem ni'r beirniaid, nid chwilio am barchwyr rheolau'.

Gwyddai Dic yn iawn ei fod yn gwthio'r ffiniau pan anfonodd ei awdl i mewn i Aberteifi. Yr oedd T. Llew Jones wedi ei rybuddio nad oedd ganddo hawl i gystadlu a dyna pam y penderfynodd ddefnyddio ei enw llawn ar y ffurflen, hynny yw, Richard Lewis Jones yn hytrach na Dic Jones, gan fenthyca cyfeiriad cyfyrder i Siân, o'r un enw, a oedd yn byw yn Hwlffordd. Teimlai, yn gam neu'n gymwys, na fyddai'r awdl wedi mynd ymhellach na Swyddfa'r Eisteddfod pe bai wedi defnyddio cyfeiriad yr Hendre. Nid oes ryfedd felly fod ei

atebion i gwestiynau Eifion Lloyd Jones ar y rhaglen deledu o'r
Eisteddfod wedi'r cadeirio yn fwy ymosodol nag arfer. Yr oedd
yn amlwg yn ymladd ei gornel.

Yn 1976 cyfrifoldeb yr Orsedd oedd hysbysu enillwyr y
gwobrau mawr o'u llwyddiant. Gwyndaf oedd y Cofiadur ar
y pryd ac yr oedd yn arferiad ganddo alw gyda'r buddugwyr
er mwyn dwyn y newyddion da iddynt. Ar y perwyl hwn aeth
Gwyndaf bob cam i Hwlffordd i guro ar ddrws Richard Lewis
Jones. Nid oedd gŵr y tŷ gartref, ond yr oedd ei wraig yno.
Hysbyswyd y Cofiadur ganddi, 'He's down in the Fish,' ac fe'i
tywysodd hyd at ddrws y dafarn. Mae'n bosibl erbyn hynny
fod Gwyndaf wedi synhwyro rhyw ddrwg yn y caws ac ni ellir
ond dychmygu beth oedd natur y sgwrs a ddilynodd rhwng y
Cofiadur a'r Richard Lewis Jones arall.

Rhyw ddeng mlynedd ar hugain yn ddiweddarach, cafodd
teulu'r Hendre lythyr hyfryd oddi wrth Mari Roberts, chwaer
Gwyndaf, yn llongyfarch Dic ar gael ei ethol yn Archdderwydd.
Dyma ddarn:

> Llawenydd digymysg oedd clywed y newydd am eich
> dewis ac am eich bodlonrwydd i dderbyn swydd
> Archdderwydd yr Eisteddfod am y tair blynedd i
> ddod. Wele benodiad haeddiannol os bu un erioed,
> nid yn unig fel Prifardd ond hefyd am helaethrwydd
> ac arbenigrwydd eich cyfraniad i'r Eisteddfod ac i
> Gymru.

Mae'n amlwg nad oedd Gwyndaf na'i deulu ddim dicach ar ôl ei
siwrne seithug i Hwlffordd.

Bu colli Alun Cilie yn ergyd i Dic a gwelai eisiau ei

bresenoldeb cadarn yn y seiadau Sadyrnol. Gydag Eisteddfod
Genedlaethol Aberteifi ar y gorwel, teimlai chwithdod o feddwl
na châi Alun y cyfle i gloriannu'r awdlau. Yr oedd yn awyddus
felly i'r Eisteddfod honno ddathlu bywyd Alun mewn rhyw
fodd, a pha well ffordd i'w anrhydeddu na chyfansoddi awdl a
fyddai'n goffâd teilwng ohono. Yr oedd y testun 'Gwanwyn' yn
llawn posibiliadau ac yn cwmpasu bywyd bardd a ffermwr fel ei
gilydd.
  Yr oedd y syniad wedi dechrau cydio ac ni châi lonydd
ganddo. Bu'r ymadrodd 'y tir dolurus' yn chwarae ar ei feddwl
am amser, gyda'r tir yn galed ar ôl rhewynt y gaeaf a'r galon
yn hiraethus ar ôl colli cyfaill. Yr oedd hanner llinell ganddo.
Rhaid felly oedd chwilio am hanner arall ac o dipyn i beth
cynigiodd y gynghanedd y gair 'Erin' iddo. Ar ôl iddo gael
gafael ar y traw Erin/dolurus, gwyddai fod awdl ganddo ac y
byddai'n rhaid iddo'i gorffen. Yn fuan iawn estynnwyd y traw
yn gwpled decsill:

  Tyrd, awel Erin, i'r tir dolurus
  I adfer hyder i fro ddifrodus.

Yr oedd y gair 'Erin' wedi agor y maes. Fel ffermwr yn y
gorllewin, gwyddai mai o'r môr y deuai'r tywydd, boed
hwnnw'n law i ffrwythloni'r tir neu'n awel i aeddfedu'r cnydau.
Ond yr oedd cynodiadau pellach a chyfoethocach i'r gair.
Mae'n mynd â ni yn ôl i Iwerddon yr hen chwedlau ac at y Pair
Dadeni, o'r lle y deuai'r milwyr marw allan yn fyw ac yn barod
i ymladd unwaith eto. Er inni golli ffermwyr yn barhaus, daw
cenhedlaeth newydd i'w holynu. Felly gyda'r beirdd. Mae cylch
y rhod yn dal i droi:

Tra bo hen dylwyth yn medi'i ffrwythau
A chnwd ei linach yn hadu'i leiniau,
Tra delo'r adar i'r coed yn barau,
Tra poro corniog, tra pery carnau,
Bydd gwanwyn y gwanwynau – yn agor
Ystôr ei drysor ar hyd yr oesau.

Erys ei ddwy awdl yn gampweithiau ac mae'r anodd meddwl
i fywyd amaethwr gael ei ddathlu'n rhagorach mewn unrhyw
iaith dan haul. Ynddynt ymdoddodd y bardd a'r ffermwr yn
un nes ei bod yn amhosibl eu gwahanu. Wele deyrnged Gerallt
Lloyd Owen i Dic:

Y mae hiraeth am weryd ynom oll,
    Am allu dychwelyd;
    Wele fodd trwy gelfyddyd
Bardd a'i gerdd yn bridd i gyd.

Dwy ydlan yw dy awdlau yn ein hiaith
    O'r wenithen orau,
    A thra bo co' ni bydd cau
Drws ar storws dy eiriau.

Un arall o edmygwyr mawr Dic yw Ceri Wyn Jones ac mae
'Gwaddol', awdl fuddugol Ceri yn Eisteddfod y Bala yn 1997, yn
wrthbwynt i 'Gwanwyn'. Tra bo Dic wedi canu i ogoniannau
bywyd y ffermwr, cawn ochr arall y geiniog gan Ceri. Teimla
fod amaethu wedi newid ac erbyn hyn, mae'n waith unig ac yn
fwy fyth o her i gael dau ben llinyn ynghyd. Yn addas iawn, 'Y
Gŵr Diorffwys' o 'Gwanwyn' oedd ffugenw Ceri ac mae'r gŵr

hwnnw yn y diwedd yn dod o hyd i orffwys drwy gymryd ei fywyd ei hunan.

Ar ôl y cadeirio digwyddodd Dic weld Ceri yn nhafarn yr Eagles yn Llanuwchllyn. Erbyn hynny yr oedd Dic wedi darllen yr awdl ac aeth at Ceri yn syth. Cyn gwneud unrhyw ymdrech i'w longyfarch, hysbysodd Ceri, gyda'i ddwrn mawr yn ei wyneb, mai ef oedd yn iawn yn 1976, cyn cydnabod fod byd yr amaethwr wedi gwaethygu ers hynny. Yn ddiweddarach derbyniodd Ceri gywydd arbennig iawn oddi wrtho yn ei longyfarch ar ei gamp. Yn addas iawn, 'Gwanwyn' oedd y teitl a roddwyd arno. Mae'n agor gyda'r llinell 'Mae i wanwyn ddau wyneb' ac yn gorffen gyda'r cwpled:

> Ei haul fyth a welaf fi,
> Canu'r cur fu camp Ceri.

Y 'darn o'r haul draw yn rhywle' a welai Dic bron bob tro.

O fewn fy rhiniog rwyf finnau'n frenin

Rhyw ychwanegiadau cyfleus ar gyfer llanw ffurflenni swyddogol fu cyfenwau erioed yn y Gymru wledig. Adnabyddir amaethwr a'i blant yn ôl enw'r fferm ac i genhedlaeth hŷn yr ardal, Dic Tan-yr-eglwys yw Dic hyd heddiw. Mae'n rhyfedd fel mae enwau bore oes yn glynu yn y cof a thebyg iddi gymryd degawd neu ddwy tan i'r plwyfolion ymgyfarwyddo â'r cyfenw newydd. Yr oedd Dic yn ei ugeiniau cynnar pan symudodd y teulu dros y clawdd terfyn o Dan-yr-eglwys i'r Hendre. Wedi colli ei dad, bu'n ffermio gyda'i fam tan iddi hithau symud allan i fyngalo newydd a godwyd ar ben y lôn. Erbyn hyn roedd ganddynt ddwy ferch, sef Delyth a Rhian. Mae'n debyg mai rywbryd ar ôl iddo'i sefydlu ei hunan fel penteulu y trodd Dic Tan-yr-eglwys yn Dic yr Hendre ar lawr gwlad. O leiaf pan urddwyd ef i'r Orsedd yn 1967 yn dilyn ei lwyddiant yn Aberafan, yr oedd yn ddigon siŵr o bwy ydoedd i fabwysiadu'r enw barddol Dic yr Hendre. Ac felly yr adnabyddid ef yn y Gymru lenyddol tan i'w boblogrwydd gynyddu i'r fath raddau fel nad oedd angen yr Hendre bellach. Mae un enw yn ddigon i'r gwir fawrion, megis Waldo, Gerallt a Dic.

Yr oedd ar ei hapusaf yn yr Hendre yng nghwmni Siân, y plant a Ffan y ci. Yr oedd fel magned iddo a byddai wastad yn gwneud pob ymdrech i ddychwelyd yno i gysgu ar ôl bod yn beirniadu neu dalyrna. Mynnai fod pobman yng Nghymru o fewn teirawr i'r Hendre. Yn aml byddai Ifor Owen Evans yn mynd gydag ef yn gwmni. Un o ddyletswyddau Ifor ar ddechrau'r daith fyddai agor y pecyn oddi wrth Radio Cymru a hysbysu Dic o destunau'r amrywiol gystadlaethau. Byddai Dic wedyn yn mynd ati i'w hateb gyda'r bwriad o'u defnyddio ar y rhaglen i godi hwyl pe byddai'n gystadleuaeth ddi-fflach. Ac er mawr ddifyrrwch i Ifor, na lwyddodd erioed i ddeall egwyddorion y gynghanedd yn llwyr, byddai Dic bob tro yn cydnabod mewnbwn ei gyd-deithiwr yn gyhoeddus. Englyn a weithiwyd yn y car ar y ffordd lan gyda 'NI' fyddai hwnnw yn ddieithriad. Ar un o'r teithiau hyn y ganwyd un o linellau mawr Ifor. Aros yn y car ar bwys y goleuadau traffig a wreiddiodd am ddegawd dda ger Rhyd-y-main yr oeddynt pan drawodd Ifor ar y llinell, 'Yn peri trafferth a stopio'r traffig'. Ar ôl hynny mynnai Dic mai cynganeddwr hir-a-thoddeidiau, yn hytrach na chywyddau, oedd Ifor.

Cofir am Dic yn cael ei hebrwng adref o dalwrn yng Nghaffi'r Emlyn, Tan-y-groes. Nid oedd car ganddo y noson honno, ond yr oedd nifer yn y cwmni a fyddai'n fodlon mynd ag ef adref. Er hynny, yr oedd gŵr o bwys o Aberteifi o'r enw Bunny Lloyd yn y talwrn a chan fod ganddo gar pwerus yr oedd yn benderfynol mai ei fraint ef oedd cludo Dic adref. Felly y bu, a phan ddaeth i ben yr hewl tynnodd i mewn i ollwng Dic allan o'r car cyn gyrru ymlaen am Aberteifi. Fel y gŵyr y cyfarwydd mae'r Hendre filltir dda o'r A487, ac i rywun fel Dic gyda dwy glun fenthyg yr oedd yn dipyn mwy na hynny. Wrth iddo straffaglu yn groes i'r briffordd ar ei ffyn baglau, y llinell gyntaf a ddaeth iddo oedd 'Bunny Lloyd ar ben y lôn'. Trwy drugaredd yr oedd Emyr Oernant yn dychwelyd o'r un talwrn; gwelodd y ddrama ac ef a gwblhaodd y gymwynas. Oni bai am hynny mae perygl y byddai Bunny Lloyd wedi cael awdl erbyn i Dic gyrraedd yr Hendre.

Ar ben y lôn honno, sef Heol Llwyngwyn, codwyd nifer o dai newydd a symudodd nifer o Saeson i mewn iddynt. Yr oedd un wedi sylwi ar Dic yn ei gap stabal a'i oferôls yn mynd heibio yn ei Ffiat bach bob bore i hôl ei bapur a'i faco o Flaenannerch. Nid oedd ganddo syniad am gampau llenyddol Dic, ond synhwyrai fod presenoldeb na ellid ei anwybyddu yn perthyn i'r ffermwr hwn ac mae'n debyg iddo ddweud wrth un o'i gydwladychwyr o'r tu hwnt i'r ffin, 'I think that man has got some clout.' Yr oedd wedi ei adnabod.

Ar ben arall y lôn honno saif yr Hendre, lle profodd Siân a Dic dros hanner can mlynedd o fywyd priodasol. Yr oedd yn berthynas hynod glòs gyda'r ddau yn deall ei gilydd i'r dim. Dathlodd Dic eu priodas arian ar ffurf cywydd diolch:

> Ar war ein huniad arian
> Awchus wyf i gyfarch Siân,
> Am gyd-roi, am gadw'r hedd
> Â minnau mewn amynedd.
>
> Am winio, am gymhennu,
> Lleihau'r tacs a llywio'r tŷ,
> Am fwydo'r gath, am fedr gwau,
> Am oddef fy nghamweddau.
>
> Am wrando, wrth rodio'r iard,
> Ar rwtsh prydyddol Richard,
> Am gau'r ieir, am gario'r olch,
> Mae'n dda i minnau ddiolch.

Nid oes arlliw o unrhyw feddalwch slwshlyd yn perthyn iddo. Canolbwyntio ar y dyletswyddau dibwys pwysig a gyflawnir yn feunyddiol a wna gan wybod bod y cariad yn cael ei fynegi, heb ei ddweud, rhwng y llinellau. Byddai Dic bob amser yn mynnu, wedi difaru archebu stecen mewn gwestai, nad oedd hyd yn oed y cogydd gorau yn medru coginio stecen cystal â Siân.

Yr oedd croeso i bawb a gyrhaeddai glos yr Hendre ac fel damcaniaeth gymdeithasol byddwn yn barod i ddadlau fod gwres y croeso yn cynyddu ar yr un raddfa â phellter yr aelwyd o'r ffordd fawr. Yn sicr, gall nifer o deithwyr dros y blynyddoedd dystio i'r croeso bord-lydan a gawsant ar ben pellaf lôn Llwyngwyn.

Yn yr Hendre y magwyd y plant. Ar fferm deuluol byddent yn rhan o bob gweithgaredd ac wrth eu bodd yn dilyn eu tad ar y Ffyrgi fach o gwmpas y lle. Yn y gyfrol *Bro a Bywyd Dic Jones*, a olygwyd gan Dai Rees Davies, mae'r llun o Delyth, Rhian a Dafydd yn y cart bach tu ôl i dractor eu tad yn dystiolaeth mai plant y tir ydynt hwythau. Mae'r pleser a'r balchder yn amlwg yn eu hosgo.

Er bod y pum plentyn bellach wedi hedfan dros y nyth, mae'r Hendre yn dal yn eu gwaed. Mae preswylfan Delyth ar dir yr Hendre ac nid yw cartref Tristan ond lled cae i ffwrdd. Deil Rhian i fyw yn y cyffiniau ac mae Dafydd yn ymwelydd cyson o Gaerfyrddin. Ers iddo golli ei dad mae'n galw yn rheolaidd i dorri'r borfa a'r cloddiau a chadw'r lle yn gymen. Mae Brychan wedyn yn manteisio ar bob cyfle a gaiff i ddychwelyd o Gefn Cribwr i dreulio noson neu ddwy yn ei gartref ysbrydol. Bu'r chweched plentyn, Esyllt Mair, efell Tristan, farw o fewn ychydig fisoedd i'w geni.

Erbyn hyn mae cenhedlaeth newydd o wyrion yn cyfrif yr Hendre yn ail gartref. Daw Steffan, Osian, Elis, Bedwyr, Peredur, Ynyr, Ethan, Jac a Mason yno'n rheolaidd gyda nifer ohonynt yn ffermwyr wrth reddf. Ymhyfrydai Dic yn nywediadau gwreiddiol y plant a'r wyrion, megis sylw un o feibion Dafydd ar ôl i ryw fei neu'i gilydd, fel y dywedwn yng Ngheredigion, sef rhywbeth i edrych ymlaen ato, gael ei ohirio fwy nag unwaith gyda'r gair 'wedyn'. Yn y diwedd gofynnodd gwestiwn mawr athronyddol, 'A yw wedyn wedi dod?' Dotiodd ar ddisgrifiad Tristan ifanc a welodd liwiau'r enfys mewn darn o olew fel 'bwa'r arch wedi cwympo'. Byddai Dic wrth ei fodd yn eu magu a'r unig un na chafodd y fraint o eistedd ar ei lin yw Mason a anwyd ar ôl i'w dad-cu ein gadael.

Cam gwag, er hynny, fyddai symud ymlaen heb gofio am un aelod arall o'r teulu, sef Ffan. Bu sawl ci yn yr Hendre, ond dim ond Ffan a ddaeth yn rhan o'n traddodiad barddol. Cafodd ran i'w chwarae yn 'Gwanwyn'; hi sy'n erlid y gwylanod o'r ffordd:

> Oni yrr Ffan hwynt ar ffo
> A'i bogeilwib fugeilio

Nid yw'n syndod chwaith ei bod yn ymddangos mor fynych yn yr albwm teuluol. Pan gollwyd hi cafodd, fel Moss y Cilie, gywydd coffa gan ei meistr. Dyna ffordd Dic o ddelio gyda hiraeth:

> Yn nyfnder llawr y berllan
> Ger y ffos rhoddais gorff Ffan,
> Yr ast ffyddlonaf erioed
> Yn nihoenedd ei henoed.

> Cydymaith triw i'r diwedd,
> Glew yn ei gwaith, glân ei gwedd,

Na noethodd ddant ar blant blin
Na chosbi gwalch o hesbin
Erioed, mor dyner ydoedd
Ond ei hofn ar gathod oedd.

Drwy'r dydd gwyn fy nilyn wnâi,
Hi beunos a'm derbyniai,
Ac mwy nid yw'n gwmni'n dod
Ddyddiau haf gan ddyhefod.
Mae'r buarth heb gyfarthiad
A drws y tŷ yn dristâd.

Gellir olrhain barddoniaeth fwyaf Dic yn uniongyrchol yn ôl i'r Hendre. Cynaeafwyd ei ddwy awdl fawr ar dir y fferm tra cwyd y cerddi personol mawr o breifatrwydd pedair wal y tŷ byw. Fel yr awgryma'r hir-a-thoddaid canlynol, ar aelwyd yr Hendre y profodd hapusrwydd bywyd yn ei gyflawnder:

Mae cyffroadau fy myw cyffredin
A chno ei ofid yn ei chynefin,
A'r hen alaru na wêl y werin.
Mae'n faich o warth ac mae'n nef o chwerthin,
Ond gwên neu wae mae i mi'n – Dir na n-Og,
O fewn fy rhiniog rwyf finnau'n frenin.

Yno hefyd y bu ar ei iselaf. Mae'r amser tywyllaf yn troi o amgylch afiechyd Siân a'r cyfnod pan aeth hi'n orddibynnol ar alcohol. Bu'n ddeng mlynedd anodd yn yr Hendre gyda Brychan yn fachgen ysgol a Thristan, tua'r diwedd, yn newydd-ddyfodiad i'r teulu; yr oedd y tri hynaf wedi gadael yr aelwyd erbyn hynny. Cyfaddefa Brychan fod y profiad o fyw ar yr aelwyd drwy gyfnod salwch ei fam wedi dod ag ef a'i dad yn agos iawn at ei gilydd, ac fe ddaliodd yn berthynas glòs iawn. Deil y deng mlynedd, yn ôl Siân, yn flynyddoedd a gollwyd ganddi. Bu yn ôl ac ymlaen i'r ysbyty nifer o weithiau cyn mynd am driniaeth i Roserchan, ger Aberystwyth. Pan wnaeth y penderfyniad hwnnw teimlai mai stad o feddwl ydoedd yn y bôn ac yr oedd yn barod ac yn benderfynol i goncro'r aflwydd, un dydd ar y tro, doed a ddelo. Drwy rym ewyllys llwyddodd i wyrdroi ei ffordd o fyw a dychwelodd y dedwyddyd i aelwyd yr Hendre. Ddeng mlynedd ar hugain yn ddiweddarach yr oedd Brychan yn ymladd yr un frwydr. Cafodd hi'n anodd iawn delio â marwolaeth ei dad ac aeth yn nos arno. Erbyn hyn mae yntau, fel ei fam, yn drech na'r afiechyd.

Yn ystod y cyfnod hwn y ganwyd efeilliaid, Tristan ac Esyllt, ond bu Esyllt farw yn dri mis oed. Treuliodd ei hoes fer yn yr ysbyty gan ei bod wedi ei geni gyda Down's Syndrome. Fel rhan o'r broses alaru cyfansoddodd Dic farwnad iddi, ond nid oedd wedi ystyried ei chyhoeddi gan mai mater preifat ydoedd. Ond trwy drugaredd dangosodd y gerdd i Gerallt Lloyd Owen a mynnodd hwnnw ei bod yn gweld golau dydd. Yr oedd Dic yn hynod falch iddo wrando ar gyngor Gerallt gan iddo dderbyn degau o lythyron a galwadau ffôn oddi wrth nifer nad oedd hyd yn oed yn eu hadnabod yn cydnabod bod y gerdd wedi bod yn gymorth mawr iddynt i ddelio â thrallodion cyffelyb.

Mae ynddi linellau sy'n glynu yn y cof, gyda 'Glyn galar yw Glangwili' yn brofiad personol i gynifer o bobl yng ngorllewin Cymru, ac mae cwpled megis:

> Beth sy'n fwy trist na Thristan
> Yn ceisio cysuro Siân?

yn cyffwrdd pob calon. Mae'r englyn canlynol yn crisialu
gwewyr Dic wrth iddo deimlo pangfeydd o euogrwydd am i'r
syniad y gallai ei marwolaeth fod yn fendith bersonol iddo ef
groesi ei feddwl o gwbl:

> Nef ac anaf fu'i geni, – caredig
> Gur ydoedd ei cholli,
> A didostur dosturi
> Ei diwedd diddiwedd hi.

Mae'r esgyll gyda'i wrthebau pwerus yn dweud y cyfan. Cloir y
gerdd gyda hir-a-thoddaid pedair llinell ac nid oes neb tebyg i
Dic ar y llinellau decsill:

> Nid yw yfory yn difa hiraeth,
> Nac ymwroli'n nacáu marwolaeth,
> Fe ddeil pangfeydd ei alaeth – tra bo co',
> Ei dawn i wylo yw gwerth dynoliaeth.

Nid oes amheuaeth nad yw 'Galarnad' Esyllt yn un o
farwnadau mawr yr iaith Gymraeg. Saif ysgwydd yn ysgwydd
â cherddi mawr megis coffâd Lewis Glyn Cothi i'w fab, awdl
Robert ap Gwilym Ddu i'w ferch a chywydd coffa Gerallt i'w
dad.

Bu hwn yn gyfnod digon tywyll yn hanes Dic ac yn y gyfres
o englynion, 'Miserere' cawn awgrym o bwysau bywyd yn yr
Hendre ar y pryd:

> Mae gwaeth llwyth ar dylwyth dyn – i'w wanhau,
> Na'm un i o dipyn,
> Mae rhyw wae mwy ar rywun
> Ond chwerwaf ing f'ing fy hun.

Eto, yn y nos dduaf, ceir llygedyn o obaith yn yr englyn clo.
Mae gwawr newydd yn mynd i dorri rhywbryd:

> Ymlaen, er na wn ymhle, – mae gemog
> Gwmwl hardd ei odre,
> Uwch y niwl a düwch ne',
> Darn o'r haul draw yn rhywle.

Drwy ei holl ofidiau, bardd cadarnhaol oedd Dic. Yn hyn o
beth yr oedd yn hollol wahanol i'w gyfaill Gerallt Lloyd Owen.
Gweld y diwedd a wnâi Gerallt yn reddfol yn ei gerddi. Pan
fu Dic farw ysgrifennodd Gerallt gywydd coffa iddo lle mae'n
nodi y byddai Dic yn aml yn ei geryddu am fod mor negyddol ei
weledigaeth. Yng ngeiriau Gerallt:

> A chefais dy lach hefyd
> Am weld yr hirlwm o hyd.

Sgubo'r Storws yw cyfrol y cyfnod duaf. Ynddi y cyhoeddwyd
y cerddi mawr personol, fel 'Galarnad' a 'Miserere'. Hon ym
marn Ceri Wyn Jones, o ran gwastadrwydd ei safon drwyddi,
yw ei gyfrol unigol orau. Er bod ynddi deyrngedau eraill i
rai a gollwyd yn nhraddodiad y bardd gwlad ar ei orau, nid
cyfrol drist mohoni. Mae'n llawn o fwrlwm bywyd, yn dathlu
penblwyddi unigolion a sefydliadau ac yn cyfarch gwell mewn
dull hwyliog i ddau brifardd, T. Llew Jones a Dafydd Jones,
Ffair Rhos, wrth iddynt dreulio cyfnod mewn ysbyty. Fel y
dywedodd Alan Llwyd yn ei adolygiad yn *Barddas*, 'Dyma'r
bardd lleol mwyaf cenedlaethol sydd gyda ni.' Ar ben hynny
ceir mabinogi carlamus hwch Ffynnon-cyff a chywydd gofyn

doniol yn null clasurol Beirdd yr Uchelwyr yn holi am fenthyg
whilber. Y 'darn o'r haul draw yn rhywle' a welai Dic.
Dros y blynyddoedd cynyddodd y galwadau cyhoeddus
ar ei amser a gwaethygodd cyflwr ei gluniau bregus. Cafodd,
ar wahanol adegau, bedair clun newydd i gymryd lle'r ddwy
wreiddiol ac mae'n rhaid fod hyn wedi bod yn dipyn o
anhawster iddo yn ei waith. Er hynny, gallai ddioddef poen heb
rwgnach. Gan ei fod mor gryf o gorff ac ewyllys ymddangosai
nad oedd unrhyw dasg gorfforol o gwmpas y fferm na allai ei
chyflawni fel cynt. Nid oedd yn un i'w faldodi ei hunan a neidio
oddi ar y tractor a wnâi o hyd, yn hytrach na dilyn cyngor y
meddygon a'i rhybuddiodd mai clun ar gyfer cerdded ac nid
gweithio oedd ganddo.

Wrth i amser y pensiwn gwladol agosáu, penderfynwyd y
byddai'n gwneud synnwyr iddo osod darn sylweddol o dir yr
Hendre ar rent i'w gymydog Chris Cook a oedd yn awyddus
i gael rhagor o ddaear. Byddai gweddill y tir ar gael ar gyfer
ffermwyr bryniau Maldwyn a fyddai'n chwilio am dir isel i
gadw eu defaid dros y gaeaf. Drwy wneud hyn llwyddwyd
i leihau'r pwysau gwaith, sicrhau incwm rheolaidd a chadw
undod y fferm deuluol.

Wrth i batrwm amaethu newid gwelwyd fod dyfodol
ffermydd teuluol, canolig eu maint, o dan gryn fygythiad.
Daeth arallgyfeirio yn ffordd o fyw yng nghefn gwlad a bu'r
arian a fu'n deillio o'r barddoni, y llenydda, y darlithio a'r
beirniadu yn gymorth digon derbyniol dros y blynyddoedd, heb
sôn am y sieciau mwy sylweddol a ddôi yn rheolaidd o gyfeiriad
y cyfryngau torfol. Bu ambell fenter arall fel prynu rownd
laeth yn llai llwyddiannus, ond trwy waith caled ac ymroddiad
cadwyd gafael gadarn ar yr Hendre yn wyneb pob anhawster.

Er hynny, yr oedd dyfodol tymor hir y lle yn ei boeni. Byddai wedi hoffi medru sicrhau fod y fferm yn dal o fewn y teulu i genedlaethau'r dyfodol, ond gwyddai y gallai hynny fod yn anodd. Yr oedd dyfodol yr Hendre yn gwasgu ar Brychan hefyd. Ef o bosib, oedd yr amaethwr mwyaf greddfol o blith y pump a theimlai beth euogrwydd am ei fod wedi gwadu ei enedigaeth fraint a symud i ffwrdd i ennill ei fywoliaeth yn hytrach nag ysgwyddo cyfrifoldeb y ffermwr go iawn yn nes adref. I wneud iawn am hynny penderfynodd fuddsoddi yn yr Hendre gan droi darn o dir wast ym mhen ucha'r clos yn wersyll tipis.

Rhoes y mater gerbron ei dad ac yr oedd hwnnw, fel Brychan ei hunan ar y dechrau, braidd yn amheus o'r syniad. Ond yr oedd Brychan wedi ceisio cyngor ychwanegol ac wedi cael ei ddarbwyllo bod modd gwneud arian o'r busnes. O dipyn i beth cynhesodd ei dad at y syniad ac archebwyd dau dipi o Ganolfan y Dechnoleg Amgen ger Machynlleth ynghyd â chyngor arbenigwr. Yn fuan iawn yr oedd y tad a'r mab wedi meistroli'r grefft o'u codi a rhyfeddent at ddyfeisgarwch yr Indiaid a'u cynlluniodd yn y fath fodd i wrthsefyll gwynt a glaw yr ystormydd garwaf.

Yr oedd Brychan ynghlwm â'r cyfryngau ac enillodd gomisiwn i gynhyrchu cyfres o raglenni yn dilyn, fesul cam, y broses o sefydlu'r tipis. Profodd y gyfres yn boblogaidd a bu'n hysbyseb ardderchog i'r fenter. Fel Cardi greddfol glaniodd Brychan mewn sefyllfa lle byddai'n ennill bob ffordd; câi hysbyseb am ddim a'i dalu am wneud hynny. Gan mai cyfres Gymraeg oedd hi, Cymry oedd y cyntaf i ddod i aros. Bu'r busnes yn llwyddiant rhyfeddol gyda grwpiau o bobl ifanc yn ogystal â sêr y ffilmiau a'r teledu fel ei gilydd yn chwilio am le

preifat i gynnal parti neu encilio. Daeth treulio noson mewn
tipi yn orchwyl ffasiynol i selebs y genedl; bron na ellid dweud
ei fod yn un o'r 'anoethau' hynny o chwedl Culhwch ac Olwen
y disgwylid iddynt eu cyflawni. 'Mae'n iwtopia mewn tipi' oedd
slogan fachog, seithsill Dic.

Digon cyntefig oedd y ddarpariaeth, ond mae'n bosibl fod
y diffyg moeth hwn yn rhan o'r apêl, gyda nifer ohonynt yn
dychwelyd o stiwdios Caerdydd at eu gwreiddiau gwledig.
Ac ar ambell i noson hudolus gallai Dic a Siân ymuno yn yr
hwyl wrth i leisiau'r cantorion a sain y gwahanol offerynnau
gario tuag at ffenestri agored yr Hendre. Lledodd y swae am y
ddihangfa hon a chyn hir ymddangosodd erthyglau nodwedd ar
y Teepee West, fel y'i gelwid, ym mhapurau trymion Llundain.
Unwaith eto cafodd Brychan hysbysrwydd heb orfod talu
amdano a denwyd nifer o 'yuppies' y ddinas tua'r gorllewin. Fel
y dywedodd Dic yn un o'i englynion:

Os yw'r dre yn ddyhead – a ddenodd
Ddynion o'r dechreuad,
Mae ynom bawb ddymuniad
I fyw yn glòs wrth gefn gwlad.

Talodd y fenter ar ei chanfed gyda'r penwythnosau yn llawn o'r
Pasg tan yr hydref dros sawl haf. Byddai hefyd alwadau mynych
i'w codi ganol gaeaf ac erbyn y diwedd yr oedd Dic, neu'r Sitting
Bull, fel y galwodd Emyr Oernant ef yn un o'i benillion, yn gryn
giamster ar y dasg.

Yr oedd i'r Hendre ryw bymtheg erw o goedwig lethrog lle
bu Brychan a Dic yn llafurio un haf yn torri a chlirio coed ac
yno lluniwyd Llwybr Barddoniaeth. Ar y daith arbennig hon

yr oedd y tad a'r 'mab nad wy'n ei nabod' ar yr un donfedd ac
yn rhannu'r un weledigaeth. Bwriad Brychan oedd sicrhau nad
âi'r cysylltiad rhwng y geiriau a'r tir a'i hysbrydolodd ar goll. Ar
hyd y llwybr ceir dyfyniadau o waith Dic gyda'r rheiny wedi eu
llosgi i mewn i ddarnau o bren o goed Cwmhowni neu wedi eu
cerfio'n gain ar deils a luniwyd gan y crochenydd Peter Wells
o glai yr Hendre. Ar un ystyr rhoddwyd y geiriau yn ôl i'r tir
o'r lle y daethant gan gwblhau'r cylch. Ond fel mae Brychan
yn nodi, mae'n anodd gwybod lle mae cylch yn dechrau ac yn
diweddu; gall y teils, fel y farddoniaeth, oroesi am ganrifoedd.
A thrwy'r cenedlaethau try'r cylch yn gylchoedd sy'n ymwau
drwy'i gilydd i greu un plethwaith organig na ellir ond
rhyfeddu ato.

Ar hyn o bryd mae dyfodol yr Hendre yn ansicr. Yn iaith
arwerthwr mae'n 'delightful smallholding in a spectacular
coastline location'. Gallent ychwanegu ei fod yn 'ideal for people
looking for a lifestyle change in a truly idyllic setting'. Ond
mae'r teulu gwaed, a theulu'r awen, yn gwybod yn dda ei fod yn
dipyn mwy na hynny. Bu sôn ar dudalennau *Y Cymro* y dylai'r
genedl ei brynu a'i droi, fel yr Ysgwrn, yn safle dreftadaeth
genedlaethol. Ond wrth i'r arian yn y pwrs cyhoeddus brinhau,
ni chlywyd rhagor am hynny.

A oes cylch ar fin cau neu a ddaw un o do iau'r llinach
i gydio yn y gwaddol a fu yn nwylo'r teulu dros bum
cenhedlaeth? Wrth ysgrifennu'r geiriau uchod gallaf glywed
llais Dic yn fy nghynghori yn gadarn i symud ymlaen a pheidio
busnesa ym materion pobl eraill.

Yr un hwyl a'r un wylo

Yn un o'i sonedau dywed Gwenallt fod dyn ar ôl cyrraedd yr hanner cant yn medru gweld yn weddol glir y dylanwadau arwyddocaol a lywiodd ei daith drwy fywyd. Ond wele Dic, ar fesur y soned, yn dilyn yr un trywydd â Gwenallt ac yntau'n ddim ond hanner ei oedran. Mae'r soned 'I'm Cydnabod' yn gyflwyniad arbennig i'w gyfrol gyntaf ac i'w farddoniaeth yn gyffredinol. Sylweddolwn fod yma fardd ifanc o aeddfedrwydd anarferol yn llefaru. Mae'n gafael ynoch i'r fath raddau nes eich gorfodi i symud ymlaen fesul tudalen drwy weddill y gyfrol. Yr oedd, fel y nododd Ceri Wyn Jones yn *Cerddi Dic yr Hendre*, yn llefaru gyda doethineb hen ŵr:

> Mae rhywbeth yng nghymdeithas dyn a dyn
> Sy'n aros wedi'r ymwahano'r ddau.
> Pan gyfyd law ffarwelio nid yr un
> Yw'r naill na'r llall ohonynt. Cans bu hau
> O'r ddeutu ffrwyth profiadau'r hir grynhoi,
> I fyw neu farw, yn efrau ac yn ŷd,
> Bu ffeirio gwên am heulwen, a bu rhoi
> A derbyn anobeithion yr un pryd.
> Nid aeth na gwên na gwg na dawn a roed
> I ddyn ar goll er pan fu'r cyntaf gwawr,
> Pob crefft a aeth o ddyn i ddyn erioed,
> Yn rhywun, rywle, maent i gyd ar glawr.
> Fy niolch i'm cydnabod o bob gwaed,
> Hwynt-hwy yw'r deunydd crai o'r hwn y'm gwnaed.

Mae Dic, wrth gwrs, yn hanu o'r cyfnod pan oedd pawb yn adnabod pawb yn y plwyf, a'r llinach hefyd, a phan oedd cymdeithasu yn golygu sgwrs wyneb yn wyneb dros beint neu glawdd terfyn yn hytrach na chyfathrebu dros y we. Dyma'r gymdeithas ddiddig a bortreadir mor fyw yn ei hunangofiant, *Os hoffech wybod...* Hon yw'r gymdeithas a fu'n feithrinfa i ddoniau athrylithgar Glan Morgan, Rhydwin a'r Go' Bach, a hon yw bro a bywyd awen Dic. Fel y dywedodd Gerallt yn ei gywydd coffa:

> Gwyddai ag argyhoeddiad
> o fewn ei glos yng nghefn gwlad
> mai dweud ei gwmwd ei hun
> yw dweud yr hollfyd wedyn.

Pe bai Dic yn artist brws a phaent byddai presenoldeb ei gydddyn yn amlwg ar ei gynfas. Un o'i themâu pwysicaf yw'r ddynoliaeth a adnabu 'yn nillad gwaith ei hafiaith cartrefol'.

Yr oedd Dic yn adnabod ei bobl, yn un ohonynt, ac yn rhan o'r cellwair a'r tynnu coes. Daw ei feddylfryd yn amlwg yn un o'i hir-a-thoddeidiau mwyaf cofiadwy, sef 'Cyfaill':

> Mae fy ngobeithion yn rhan ohonot,
> Mae fy nioddef a'm hofnau'n eiddot,
> Yn d'oriau euraid, fy malchder erot,
> Yn d'oriau isel, fy ngweddi drosot,
> Mae'n well byd y man lle bôt – mae deunydd
> Fy holl lawenydd, fy nghyfaill, ynot.

Nid aeth ei lwyddiannau eisteddfodol i'w ben a chadwodd ei draed yn gadarn ar ddaear ei filltir sgwâr. Gwyddai pwy ydoedd ac o ble y daeth, ac yn ôl Gerallt:

Dic crandrwydd, Dic yr Hendre
ond Dic yn Dic onid e.

Yr un oedd Dic yng nghwmni Dai Jones yn trafod y trotian
mewn rhaglen deledu o Dir Prins, ger Abergele, a'r Dic hwnnw
a fu'n trafod yr egwyddor o gael Bardd Cenedlaethol swyddogol
i Gymru gyda Phrins arall mewn plasty ger Aberriw ym
Maldwyn. Ceid y teimlad ei fod ychydig yn fwy cysurus yn ei
oferôls – wedi'r cyfan, y cap stabal oedd ei benwisg naturiol.
Am flynyddoedd bu'r rhigwm canlynol o'i eiddo yn hongian
mewn ffrâm yn y Bar Bach yn nhafarn y Gogerddan:

Mae cwrw gwell na'i gilydd,
Er nad oes cwrw gwael,
Ond man y bo 'nghyfeillion
Mae'r cwrw gorau i'w gael.

Mae'n cloi ei gyfrol *Sgubo'r Storws* gyda'r englyn 'Fy Nymuniad':

Gweld, ryw adeg, aildroedio, – yr undaith,
A'r un ffrindiau eto,
Yr un hwyl, a'r un wylo,
Yn ôl y drefn yr ail dro.

Mae'r englyn yn garreg ateb i soned agoriadol *Agor Grwn*
chwarter canrif ynghynt. Nid oedd amser na llwyddiant wedi
newid y dyn.

Nid oedd pawb yn adnabod Dic chwaith. Cofiaf un achlysur
wedi imi gyrraedd maes parcio'r Eisteddfod Genedlaethol
yn ei gwmni pan ddaeth dieithryn ato a'i gyfarch. Yr oedd

yn amlwg o'r cychwyn fod y gŵr bonheddig yn tybio ei fod yn siarad â Moc Morgan, y pysgotwr a'r cyflwynydd teledu o Bontrhydfendigaid. Ni wnaeth Dic unrhyw ymdrech i gywiro tybiaeth y gŵr a bu'r ddau yn sgwrsio'n hamddenol am bethau'r Bont ac afon Teifi wrth gerdded yn hamddenol drwy ddau gae cyn ffarwelio ger gatiau'r Maes.

Yr Un Hwyl a'r Un Wylo yw teitl y gyfrol a olygwyd gan Elsie Reynolds yn 2011. Cyfrol yw hon o gerddi nas cyhoeddwyd yn un o'i gyfrolau barddoniaeth ac mae'n gymhares i'r detholiad a olygwyd gan Ceri Wyn Jones flwyddyn ynghynt. Yn ei adolygiad o'r gyfrol mae Peredur Lynch yn cyfaddef nad oes fel arfer lawer o bwrpas mewn cyhoeddi gweithiau anghanonaidd beirdd mawr gan nad ydynt yn ychwanegu fawr ddim at eu statws a'u harwyddocâd. Ond mae Peredur Lynch yn dadlau fod cyfrol 2011 yn achos gwahanol:

> Nid bardd llyfr yn unig mo Dic Jones ac ni ellir dechrau amgyffred ei arwyddocâd fel bardd heb roi ystyriaeth lawn i gyd-destun cymdeithasol ei ganu. Y gyfrol hon, mewn gwirionedd, sy'n gwir ddangos pa mor aruthrol o helaeth fu'r gweithgarwch hwnnw yn ystod ei yrfa. Y mae'n profi'n orfoleddus hefyd nad gweithgarwch a ddaeth i ben gyda'r Cywyddwyr yn y cyfnod modern cynnar yw canu defodol yn hanes llenyddiaeth Gymraeg.

Bu i'r bardd gwlad ei statws arbennig yn yr ardaloedd Cymraeg dros y canrifoedd a gellid dadlau ei fod yn sicrach o'i gynulleidfa na rhai o feirdd y colegau. Teimlai Dic mai ei ddyletswydd, a'i fraint, oedd dathlu llawenydd ei bobl ar eu hachlysuron hapus a chydhiraethu gyda hwy yn eu galar. Câi geisiadau di-rif am benillion ar gyfer dathliadau hwyliog, megis priodasau a phenblwyddi. Yr un mor aml ar achlysuron tristach deuai ceisiadau am gwpled neu englyn ar gyfer taflen angladd neu garreg fedd. Weithiau byddai'r cais yn cyrraedd drwy'r post neu dros y ffôn oddi wrth ddieithriaid ynghyd â rhai manylion personol i'w cynnwys yn y gân. Yna cyflawnid y dasg heb rwgnach na gofyn am dâl.

Bryd arall byddai pobl yn glanio ar glos yr Hendre, yn ddirybudd, fel y gwnaeth tad Meinir Pierce Jones o Ben Llŷn. Yr oedd ef yn un o edmygwyr mawr Dic ac yn un o'r niferoedd a allai adrodd darnau helaeth o'r 'Cynhaeaf' a 'Gwanwyn' ar ei gof. Yr oedd ar ei ffordd i Sir Benfro am wyliau a chymerodd fantais o'r cyfle i alw i weld a fyddai Dic yn fodlon gweithio englyn iddo ar gyfer priodas y ferch, Meinir, gyda Geraint Williams. Sylw cyntaf Dic wrtho oedd, 'Bachgen, bachgen, chi wedi mynd heibio cartref sawl bardd cyn cyrraedd fan hyn.' Trefnwyd i dad y briodferch alw ar y ffordd yn ôl o'i wyliau i gasglu'r englyn. Yr oedd yn barod erbyn hynny:

> Gofyn pob teulu'n y tir – yw'r gorau
> I Geraint a Meinir,
> Bydded i'r ddau ddyddiau hir
> Y tidau nas datodir.

Mae'r teulu wrth eu bodd gyda'r englyn a chafodd Dic botel o chwisgi am ei waith. Sylwer ei fod wedi gwau enwau'r priodfab a'r briodferch i mewn i'r englyn.

Ni fu'r wraig a'i ffoniodd o Randir-mwyn yr un mor ffodus. Poenid hi gan yr awyrennau rhyfel a hedfanai'n isel dros yr ardal wrth wneud eu hymarferiadau. Ei gobaith oedd cael cerdd gan Dic er mwyn cryfhau ei phrotest. Addawodd Dic yn ôl ei arfer y byddai'n ystyried y cais; ni fyddai byth yn addo cyflawni rhag ofn iddo fethu cael hwyl ar y dasg, er mai go anaml y byddai hynny'n digwydd. Ni thaniodd y pwnc ddychymyg Dic a phan ffoniodd y wraig wedyn ymhen rhyw wythnos yr oedd wedi llwyr anghofio am y dasg. Felly y bu hi am yr ail a'r trydydd tro. Erbyn hyn yr oedd y wraig yn dechrau mynd yn wan ei hwyl. Synhwyrodd Dic hynny ac aeth ati i weithio'r triban byrfyfyr canlynol hwn iddi dros y ffôn:

> Mi glywais i ryw stori
> A ddywaid fod pob corgi
> Yn codi'i goes yn Rhandir-mwyn
> Er mwyn i'r plêns fynd dani.

Ni chafodd ei boeni rhagor ganddi ac ni chafodd botel o chwisgi chwaith.

Anaml iawn y byddai Dic yn cadw copïau o'r cyfarchion hyn. Teimlai, ar ôl iddo gyflawni'r dasg, mai eiddo'r derbynwyr oeddynt, ac anghofiai amdanynt. Er hynny, byddai'r rhai a'u cafodd yn eu trysori. Er enghraifft, bu Vincent James, neu'r Go' Bach fel y'i hadnabyddid, farw'n ifanc a chanodd Dic englyn coffa o barch i'r peiriannydd ffraeth a thalentog a oedd yn gyfaill ysgol iddo:

> Am ei rai annwyl wylwn, – o gau bedd
> Y Go' Bach hiraethwn,
> A Vincent ddigonfensiwn,
> Y tyn ei grefft yn y grwn.

Mae'n bosibl fod yr englyn wedi ymddangos yn y *Teifi Seid* ar
y pryd a dyna i gyd. Ryw chwarter canrif yn ddiweddarach
digwyddodd Dic ddod ar draws Phyl James, un o feibion y Go'
Bach. Chwech oed oedd Phyl pan gollodd ei dad ond yr oedd
wedi clywed am fodolaeth yr englyn. Felly dyma holi Dic i weld
a oedd ganddo gopi. Ni fyddai Dic wedi cadw copi ond gan fod
ganddo olwg mawr ar y Go' Bach mi lwyddodd i ailweithio'r
englyn yn fuan iawn. Gan nad oedd papur gan Phyl wrth law,
tynnodd Dic hen dderbynneb o'i waled ac ysgrifennodd yr
englyn coffa tu cefn iddi. Hyd heddiw, mae'r englyn yn un
o drysorau Phyl ac yn cael ei gadw'n barchus mewn papur
seloffen. Mae'n enghraifft o'r modd y cedwir y cof yn fyw wrth
iddo gael ei drosglwyddo o ben i ffownten-pen, o genhedlaeth i
genhedlaeth, yn ein cymdogaethau gwledig.

Brithir *Yr Un Hwyl a'r Un Wylo* gan gyfarchion yn cofio
penblwyddi arbennig teulu a chyfeilion. Ac wrth gwrs,
derbyniai ei frodyr yng nghyfraith, Rex a Brian, englynion
Saesneg. Lle bynnag y byddai unrhyw ddathliad teuluol
disgwylid englynion neu gân gan y Prifardd. Cafodd yr ail
ferch, Rhian Medi, saith englyn arbennig gan ei thad ar
achlysur ei phriodas ym mis Medi gyda phob un yn dechrau â'r
llinell 'Y mae adeg ym Medi'. Ni fu mor ffodus flynyddoedd yn
ddiweddarach wrth symud tŷ. Gwyddai fod ei thad yn ddeheuig
gyda'i ddwylo a gofynnodd iddo ddod i dorri tyllau yn y wal
er mwyn iddi gael hongian darluniau. Byddai wrth ei bodd o
gael englyn i'r cartref newydd ac mae'n debyg iddi awgrymu
hynny mewn ffordd gynnil fwy nag unwaith. Nid oedd am
holi'n blwmp ac yn blaen am y gymwynas gan y gwyddai fod
ei thad o dan dipyn o bwysau ar y pryd gyda'i ddyletswyddau
archdderwyddol. Yn sydyn, wrth iddo ymlafnio gyda'r tyllau

gofynnodd iddi a oedd ganddi gopi o'r y Briws yn y tŷ. Fel y gŵyr y cyfarwydd, Briws yw'r enw ar lafar ar eiriadur Saesneg-Cymraeg y Dr Bruce Griffiths; mae'n glasur ac yn drwch pedair modfedd o ysgolheictod. Atebodd Rhian fod ganddi gopi ac aeth i'w hôl yn fodlon gan dybio fod ei thad wedi llyncu'r abwyd a'i fod yn gweithio ar yr englyn. Pan ddychwelodd, llygadodd ei thad y geiriadur gan ddweud mai dyna'r union gyfrol roedd ei hangen arno cyn ei rhoi ar y llawr a chamu ar ei phen i fwrw'r hoelen i mewn i'r wal.

Fel Bardd Llawryfog yr ardal byddai gofyn cyson arno gan sefydliadau cyhoeddus am gerddi, ar achlysuron megis dathlu canmlwyddiant Gwasg Gomer neu agor Llwybr yr Arfordir. Y syndod mawr yw na chafodd ei wahodd i fod yn Fardd Cenedlaethol. Ni allaf feddwl am neb â gwell cymhwyster ar gyfer y swydd.

Gan fod cymaint o alw ar ei wasanaeth fel bardd cymdeithasol yr oedd ganddo wrth law ddefnydd cyffredinol ar gyfer amryw o achlysuron gwahanol yn y ddwy iaith. Er enghraifft, daeth yr englynion a gadwai yn y drâr ar gyfer priodasau a phriodas arian ac aur yn ddefnyddiol fwy nag unwaith. Ar y llaw arall, bu ei 'Englyn Cydymdeimlad' yn gymorth hawdd ei gael i unrhyw un a ddymunai gydymdeimlo ag arall mewn galar:

> Am dy alar galaraf, – oherwydd
> Dy hiraeth hiraethaf,
> Yn fy enaid griddfanaf
> Drosot ti, a chyd-dristâf.

Mae'n glasur o englyn sydd bellach yn rhan o'n hetifeddiaeth cenedlaethol. Ond fel arfer byddai'r cyfarchion yn rhai ffres a phersonol ac yn gweddu i'r dim i'r person dan sylw. Weithiau, er hynny, ymddengys ambell i linell mewn mwy nag un englyn. Bu trawiadau fel 'Ei fyw ydoedd ei fedal' a 'Heb erioed ei gael yn brin' yn addas ar gyfer mwy nag un gwrthrych. Tynnodd Alan Llwyd sylw at y duedd hon o ailddefnyddio llinellau yn ei adolygiad o *Sgubo'r Storws*. Mynnai Alan y dylai bardd feddu ar gof cyfrifiadur ac na ddylai ddefnyddio yr un llinell fwy nag unwaith yng nghorff ei waith. Ond y rhyfeddod yw fod yr enghreifftiau hyn o ddefnyddio'r un llinellau mor eithriadol o brin yng ngwaith Dic dros hanner canrif o brydydda cynhyrchiol.

Yn nhraddodiad y bardd gwlad canai i ddigwyddiadau, yn enwedig troeon trwstan, lle byddai cyfle i dynnu coes. Weithiau ymddangosai cân yn *Y Gambo* neu'r *Teifi Seid* yn cofnodi cam gwag un o'i gyfeillion. Ni fyddai byth yn ychwanegu ei enw o dan ganeuon o'r fath, a go brin y byddai angen hynny. Os mai Dic fyddai'r awdur, byddai ei stamp unigryw yn amlwg i bawb. Derbyniodd Emyr Oernant ei siâr o'r caneuon gan fod rhywbeth yn digwydd iddo ef yn dragwyddol. Un enghraifft yw'r mabinogi a gasglodd o gylch taith dridiau Emyr a Mary ei wraig i Sioe Smithfield yn Llundain. Bu'n glawio'n ddi-baid am y cyfnod cyfan. 'Un gawod tri diwrnod oedd,' meddai Dic yn y cywydd a weithiodd i gofnodi'r antur. Pan gyrhaeddodd y ddau yn ôl yng Nghaerfyrddin, yr oedd y car yn afon Tywi mewn tair troedfedd o ddŵr. Ar ôl asesu'r sefyllfa, cododd Emyr lodrau ei drowser gan fracso allan drwy'r tonnau, fel Bendigeidfran, tuag at y car. Agorodd y drws, camu i'r car, eistedd yn y dŵr a throi'r allwedd. Taniodd y car bach ar y gofyn cyntaf a gyrrodd ef yn ôl i gyfeiriad Mary a oedd yn sefyll ar y lan ynghyd â'r dorf a gasglodd yn llawn chwilfrydedd i wylio'r ddrama. Agorodd

Emyr y drws i adael y dŵr allan ac i adael Mary i mewn, a chafodd pawb a oedd o fewn cyrraedd wlychfa am fod mor fusneslyd. Yna gyrrodd y ddau tuag adref yn fuddugoliaethus. Mae'r cywydd yn dystiolaeth o ddawn Dic i adrodd yr hanes yn hollol rugl ar gynghanedd heb unrhyw straen ar y mynegiant. Ni allai cyfarwyddiaid y chwedlau fod wedi rhagori ar y dweud. Yn y cwpled clo mae'n gweld cyfle pellach i dynnu coes Emyr. Gwyddai, fel pawb arall, mai cerbyd ffermwr oedd car Oernant ac y byddai mwd sawl gaeaf gwlyb wedi casglu arno dros y blynyddoedd. Meddai Dic:

> A'r hen gar wrth yr un gwaith
> Yn hanner glân – am unwaith.

O leiaf yr oedd yr hanner isaf yn lân. Cyn bo hir yr oedd Emyr yn ateb Dic ar ffurf cywydd ac yn amddiffyn anrhydedd ei gar bach:

> A, diawl, beth wnâi Uno Dic
> Yn anterth yr Atlantic?

A dyna brawf fod yr ymryson barddol yn dal yn fyw yng ngodre Ceredigion ryw bedwar can mlynedd ar ôl yr ymryson enwog a fu rhwng Edmwnd Prys a Wiliam Cynwal.

Cân arall ddienw o eiddo Dic a ymddangosodd yn *Y Gambo* oedd honno i rowndabowts Blaenannerch. Pentref bach yw Blaenannerch ond mae ynddo ddwy gylchfan. Codwyd un ohonynt ar ddarn syth o heol dawel, eilradd sy'n arwain o Flaenannerch i Aber-porth. Arni, dros nos megis, ymddangosodd clamp o gylchfan i alluogi gyrwyr i droi i

mewn ac allan o ystad ddiwydiannol fechan gyda chyfartaledd
uchel o unedau gwag. Hwn oedd y parc gwaith, chwedl Dic,
lle nad oedd neb yn gweithio. Ar un olwg yr oedd rhywbeth
eithaf doniol yn y cylchfannau hyn. Ar y llaw arall gwyddai'r
dychanwr ynddo eu bod wedi costio miloedd o'n harian
ni, y trethdalwyr, a'u bod yn symbol o'r gwastraff sydd yn
nodweddiadol o bob lefel o lywodraeth.

Mewn cân arall cyfunodd rowndabowts Blaenannerch
gyda'r sefyllfa yn Aberteifi, bedair milltir i lawr y lôn. Yno bu
sawl damwain angheuol wrth i fodurwyr droi i mewn o'r ffordd
osgoi tua phen y dref. Bu cynghorau'r dref a'r sir yn holi'n daer
am flynyddoedd am gylchfan i wella'r sefyllfa. Ond gwrthod
pob cais wnâi'r Swyddfa Gymreig. Meddai Dic:

> Os ŷnt yn Aberteifi
> Am rowndabowt i'w rhoi
> Ar gornel peryg' Tesco
> I mewn i'r dre i droi,
> Lle buont yn gofidio
> Ac yn protestio'u siâr,
> Os dôn nhw i Flaenannerch
> Mae yno un yn sbâr.

Fel y dywedodd y Beatles am Lerpwl, 'If you want a cathedral
we've got one to spare.'

Disgrifiwyd Dic, nid mewn ffordd ddiraddiol, fel bardd
gwlad gan Bobi Jones, ac mae hynny yn hollol wir gan iddo
dreulio cymaint o'i egni yn gwasanaethu ei gymdeithas leol.
Ond yr oedd yn dipyn mwy na hynny. Yr oedd, ar yr un
pryd, yn brydydd gwlad traddodiadol ac yn fardd o bwys

cenedlaethol. A dweud y gwir, ni hoffai'r term 'bardd' o gwbl. Mynnai mai prydydd yn ymarfer ei grefft ydoedd am naw deg naw pwynt naw y cant o'r amser, ac mai dim ond ar adegau ysbrydoledig y dim pwynt un y cant yr haeddai gael ei gyfrif yn fardd o gwbl.

Ar y mater hwn fe'i cythruddwyd gan erthygl Menna Elfyn yn y *Western Mail* lle mae'n bwrw sen ar yr hen arfer sy'n dal yn fyw ymhlith cynganeddwyr a chynghanedd-wragedd godre Ceredigion o gyfarch ei gilydd gydag englynion adeg y Nadolig. Dyma ei ymateb mewn soned yn *Golwg*:

'Ymhlith eich ffolinebau chi'r Prydyddion
Ar adeg y Nadolig,' mynte'r Beirdd,
'Mae gyrru at eich gilydd ryw englynion
A cherddi y tybiwch chi eu bod yn heirdd.

Maen nhw'n gocosaidd ac Amhroffesiynol,
Nid ŷnt yn gyfieithiadwy nac yn Llên,
Mae'u hidiom a'u delweddau'n gonfensiynol,
Mae eu symbolau'n rwtsh a'u hodlau'n hen.'

Os felly, gwared ni mewn Ysgol Feithrin
Rhag i ni ragor lawenhau pan glywn
Droi drama'r Geni'n hanner ffars, a chwerthin
Fod plant yn canu carol mas o diwn.
Mae dathlu'n beth rhy ddwys i bob rhyw siort
Ymwneud ag ef, ac nid yw celf yn sbort.

Fel y dywedodd y mewnfudwr ar lôn Llwyncoed, 'That man has got some clout.'

Teulu Tan-yr eglwys: (o'r chwith) Dic, Goronwy, Rhiannon, Margaret a Mary

Y teulu eto: (o'r chwith) Mary, Margaret (Daniel), Rhiannon (Sanders), Dic a Goronwy

Dic yn eistedd yng nghadair esmwyth Eisteddfod Genedlaethol yr Urdd,
y Bala, yn 1954

Y Parchedig D. Jacob Davies yn llongyfarch Dic yn wresog ar ennill ei ail
gadair genedlaethol yn Eisteddfod Genedlaethol yr Urdd, Abertridwr, 1955,
gyda Waldo Williams ar y dde

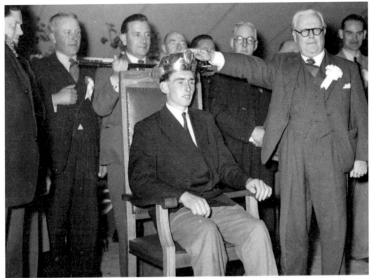

Cynan yn coroni Dic yng Ngŵyl Fawr Aberteifi, 1955

Dychwelyd o Eisteddfod yr Urdd Caernarfon yn 1956, gydag aelodau Aelwyd
yr Urdd Aber-porth, lle'r enillodd Dic ei drydedd cadair

Dic a Siân – ar eu mis
mêl yn Llundain

Y briodas, ym mis
Ionawr 1959

Yr Hendre ym Mlaenannerch

Plant yr Hendre: (o'r chwith) Rhian Medi, Delyth Wyn, Brychan Llŷr a Dafydd Dyfed

Tristan Lewis, mab ieuenga'r Hendre

Dic wrth y bwrdd yn gweithio

Y dudalen flaenorol: Cadeirio Dic yn Eisteddfod Genedlaethol Cymru, Aberafan, 1966; Ceidwad y Cledd, Dilwyn Cemaes, ar y chwith a'r Archdderwydd Gwyndaf ar y dde

Cartŵn gan Gerallt Lloyd Owen yn ymateb i'r sylw a wnaeth Jeff Nuttall am Dic: 'Jones has the face of an undertaker's shovel.'

Un prifardd trwy lygad prifardd arall, cartŵn o Dic gan ei gyfaill Gerallt

Y dudalen gyferbyn: Llun olew, rhodd ei chwiorydd o waith Aneurin Jones ar achlysur urddo Dic yr Hendre yn Archdderwydd Cymru

Côr Meibion Blaen-porth, heddiw a ddoe.
Uchod: Y côr yn 2007.

Ar y dde: Côr Meibion Blaen-porth gydag
Alban Jones (Abba), tad Dic, yn dal y baton

Eisteddfod Genedlaethol Caerdydd a'r Cylch 2008. Arweiniodd yr Archdderwydd Dic y seremonïau i anrhydeddu Mererid Hopwood â'r Fedal Ryddiaith, i goroni Hywel Griffiths ac i gadeirio Hilma Lloyd Edwards

Mae'r gymdeithas o'n hamgylch yn newid ac wrth i fwy
o fewnfudwyr feddiannu ein broydd mae perygl fod y bardd
gwlad yn colli ei gynulleidfa a'i diriogaeth, a chyn bo hir ni
fydd galw am ei gerddi. Wedi'r cwbl, ffenomenon Gymraeg yw'r
bardd gwlad; nid yw'n bodoli yn Lloegr.

Ni fu tynged yr iaith yn un o bynciau Dic, fel yr oedd i'w
gyfeillion Gerallt Lloyd Owen a T. Llew Jones. Ni fu'n dychanu'r
arwisgo ac ni chanodd fawr i Dryweryn ar wahân i'r cywydd
i'w thri arwr. Fel y rhan fwyaf o feirdd, eu canmol o hirbell
mewn euogrwydd a wna:

Haeddwch well nag ambell gân
A rwydd drawo'r bardd druan.

Ond mae gyda hwy yn ei galon.

Yr oedd ei deulu a'i gyfeillion yn Gymry, a medrai fyw ei
fywyd i raddau helaeth drwy gyfrwng y Gymraeg. Gan fod ei
Gymreictod mor gadarn ac yn deillio o'r Gymru uniaith, ni
allai fod yn ddim arall ac ni welai fod unrhyw angen gwneud
sioe o'i genedligrwydd. Nid oedd er hynny yn ddall i'r sefyllfa
ieithyddol o'i gwmpas. Clywais ef yn sôn am y newid a welodd
ger gatiau'r ysgol wrth gasglu'r plant derfyn dydd. Pan oedd y
tri hynaf ym Mlaen-porth byddai'n adnabod pob rhiant – a'u
llinach. Ugain mlynedd yn ddiweddarach, wrth gyrchu Tristan
o'r ysgol, yr unig un o blith yr holl rieni y gallai dorri gair ag ef,
gan wybod yn iawn pwy ydoedd, oedd Martin Blaen-nant. Yr
oedd iaith y cyfathrebu wedi newid hefyd.

Yr oedd ffordd o fyw yn graddol ddiflannu a chymydog yn
troi yn ddyn oedd yn byw yn ymyl. Sylweddolai Dic, wrth i
Aber-porth droi'n Abby-pôth ar wefusau cynifer, ei fod yn colli

gafael ar ei ardal a'i bobl ei hun. Lleihau mae nifer y rhai a
fagwyd ar rythmau mydr ac odl ac ar gynghanedd. Aeth ati felly
mewn cân ar y *Talwrn* i ailddiffinio'r filltir sgwâr yn nhermau'r
Gymru sydd ohoni:

> Nid wy'n siŵr ymhle mae'n cychwyn, nac ymhle mae'i
> > therfyn mwy,
> R'ych chi i gyd i mi'n gymdogion, siwrne car yw maint
> > fy mhlwy'.
> Gynt lle byddai 'nhad a'm teidiau'n aros yn eu milltir
> > sgwâr,
> Roe'n nhw'n alltud yn Sir Benfro, yn estroniaid yn Sir Gâr.
> Roedd iaith aliwn yng Nghaernarfon, a Sir Fôn yn ben
> > draw'r byd,
> Ac am Meifod a Morgannwg, clywed sôn a dyna i gyd.

> Ond yn raddol daeth dieithriaid y mewnlifiad i bob plwy'
> Fel nad oedd y dyn drws nesa yn gymydog imi mwy.
> Newid enwau'r hen fythynnod, prynu'r ffermydd, un ac un,
> Fel mai prin yr own yn nabod fy nghymdogaeth i fy hun.

> Minnau'n mynd yn bellach, bellach, i gael pobol o'r un fryd,
> Steddfod rywle yn y Gogledd neu Dalwrn yn y De o hyd,
> Gyrru drwy y fintai estron fel pe na baent hwy yn bod
> At berthynas a chyfeillion, fel y gwneuthum i erio'd.
> Dim ond fy mhobol i a welwn o Benrhyn Gŵyr i Benrhyn-
> > coch,
> Dim ond Cymry oedd yn Radur, Hwlffordd, Rhyl ac
> Aber-soch.

Fe dynn tebyg at ei debyg wastad ym mhob llan a thref,
Fel bod pawb ohonom bellach yn mynd â'i ardal gydag ef

Wrth ddarllen *Yr Un Hwyl a'r Un Wylo* fe welir bod y cylch
daearyddol yn eang – ceir ynddo gyfarchion i bobl o Felin-wynt
i'r Felinheli ac o Hendre Cennin i Seland Newydd. Yr oedd Dic
yn fardd ei bobl lle bynnag y trigent.

Sdim ots am gracpots y grefft

Gweddw crefft heb ei dawn, meddai'r hen ddihareb, ond byddai'r ddawn yr un mor amddifad heb grefft i'w chynnal. O ran talent awenyddol saif Dic ysgwydd wrth ysgwydd â'r goreuon. Meddai hefyd ar grefft loyw a'i galluogai i wneud yn fawr o'r doniau hynny.

Disgwylir i bob cerdd werth ei halen fod yn gydblethiad o sain a synnwyr. Ond nid yw'r cyfuniad yn gyflawn bob tro a gall cynghanedd gadarn gynnal neu guddio diffyg gweledigaeth. Fel y dywedodd Ifor Owen Evans, 'Os nad oes gennych ddim i'w ddweud, dywedwch ef ar groes-o-gyswllt.' Awgrymwyd yr un peth gan Dic yn un o'i englynion i'r gynghanedd:

> Er ei chraster a'i chrystyn – a rhoddi'r
> > Addurn arni wedyn,
> > Am ryw reswm mae'r eisyn
> > Yn well na'r gacen ei hun.

Enghraifft arall yw'r englyn hwn lle mae'n cydio yn syniad Waldo fod y gynghanedd fel rhyw drydydd dimensiwn i'r iaith Gymraeg;

> Yn oesoesol obsesiwn – i ni rhoed
> > Y trydydd dimensiwn,
> > Rhyw benddaredd a feddwn,
> > Os nad oes sens, i wneud sŵn.

Daw'r nodwedd iach honno o beidio â chymryd ei hunan ormod o ddifrif i'r golwg unwaith eto.

Fel mewn llawer o ddosbarthiadau cynghanedd un o broblemau parhaus Dic yn Nhan-y-groes, fel pob athro barddol, oedd delio â'r gwahanol lefelau o fedrusrwydd. I oresgyn peth o'r broblem rhannodd Dic y dosbarth a'u galw yn Ford Fawr a'r Ford Fach. Y Ford Fawr oedd lle y rhai hynny a oedd wedi treulio pedair blynedd wrth draed Roy Stephens ac a oedd erbyn hynny yn medru cynganeddu yn weddol gywir. Ar ddechrau'r dosbarth byddai'r athro yn rhoi tasg i'r Ford Fawr ei chyflawni cyn mynd ati i ganolbwyntio ar y Ford Fach lle'r oedd ganddo nifer o gymeriadau gwreiddiol megis Ifor Owen Evans ac Idwal Jones, mab yr enwog Eirwyn Pont-siân, ymhlith y dechreuwyr. Mynnai Dic mai'r gwahaniaeth rhwng y ddwy ford oedd bod un garfan heb ddim i'w ddweud ond yn medru ei ddweud yn gymharol gymen, tra bo'r llall gyda digon i'w ddweud ond heb feistroli'r ffordd i'w roi mewn cynghanedd.

Yr oedd ganddo barch mawr at ddeheurwydd, beth bynnag y grefft. Fel pob ffermwr meddai ar ddwylo da, a byddai wastad gyllell yn ei boced yn barod ar gyfer unrhyw orchwyl gan gynnwys glanhau ei bib. Gallai droi ei law at unrhyw dasg, boed yn godi wal neu godi tipi. Ef oedd y masiwn, y plwmer a'r trydanwr yn yr Hendre ac ef oedd yr unig un a ddeallai holl gymhlethdodau pibau'r system ddŵr. A phan âi rhywbeth o le gallai fod yn ddyfeisgar wrth fynd ati i'w trwsio. Yr oedd yn drwsiwr wrth reddf ac nid oedd ganddo ddim i'w ddweud wrth y gymdeithas fodern sy'n gwaredu popeth nad yw'n gweithio a phrynu o'r newydd.

Yn anfoddog aeth i'r dre i brynu peiriant torri pen clawdd o'r enw Damard. Ond ar ôl mynd ati i dorri cloddiau'r Hendre sylweddolodd nad oedd y Damard werth dim o'r dam. Pan ddaeth y bil amdano, pleser o'r mwyaf oedd cael dychwelyd y Damard a'r bil gyda'r geiriau 'Stwffa'r Damard lan dy din' arno. Ond rywfodd rwy'n amau a werthfawrogodd y siopwr geinder yr odl gudd yng nghynghanedd sain seithsill Dic.

Cofia T. Llew Jones am enghraifft arall o'i athrylith fel atgyweiriwr. Un noson yr oedd Dic wedi gadael ei fotor-beic, y Triumph, ym môn clawdd ger Synod Inn cyn mynd mewn car gyda gweddill y tîm i ryw ymryson tua'r gogledd. Pan ddychwelwyd i Synod yr oedd rhai o chwilgryts yr ardal wedi bod yn ymhél a'r beic gan dorri un o'r ceblau. Sylweddolodd Dic beth oedd wedi digwydd a chydiodd mewn darn o weiren bigog a oedd yn digwydd gorwedd gerllaw gan fynd ati i ail-greu'r cysylltiad. Taniodd y Triumph gan yrru tua'r gorwel mewn cwmwl o fwg a sêr. Sylw proffwydol Alun Cilie, wrth ei wylio yn diflannu yn y pellter, oedd 'Aiff y boi yna ymhell,' ac ychwanegodd T. Llew Jones, 'Os dyna beth yw Triumph, fe garem weld Defeat.'

Marchogai'r Triumph gyda'r un deheurwydd ag y marchogai ei dad un o'i geffylau neidio, Rob Roy. Yn null llanciau'r wlad yr adeg honno, plygai'n isel i mewn i'r corneli yn null Geoff Duke ei hunan. Yr oedd gan y tad a'r mab gydbwysedd corfforol i'w ryfeddu. Cofia'r genhedlaeth hŷn am gampau Abba wrth arwain y côr. Gwnâi hynny o'r llwyfan o ben stôl gul, a pheryglus o uchel ac, o dro i dro, byddai problem i'w hesgyn. Ond unwaith y byddai ar y rostrwm, ymgollai yn y gân. Yr oedd ei draed yn hollol gadarn wrth iddo siglo i'r dde ac i'r chwith gan ymestyn ymlaen, a phlygu yn ôl yn ogystal, i ymchwydd y canu.

Y crefftau gwledig âi a bryd Dic megis agor grwn, plygu perth a chau bwlch, ac un o'r anrhydeddau a brisiai fwyaf yn ei flynyddoedd olaf oedd cael ei ddewis yn Llywydd Anrhydeddus

Cymdeithas y Rhychwyr. Bu mewn cyswllt agos â'r pridd trwy
ei oes a byddai wrth ei fodd yn mynychu y bencampwriaeth
flynyddol yn Llannerch Aeron:

> Mae 'na grefft mewn agor rhych, – a rhaw hir
> Aberaeron gennych,
> I'r tato neu'r rhes fresych
> Tan ei chrib heb blet na chrych.

> Rhych fel llinyn o union, – diwendid
> A'i dw'nder yn gyson,
> Y wlad oll, rhowch glod i hon,
> Rhych orau Llannerch Aeron.

Cadwyd y cysylltiad â theulu'r Hendre a bellach Siân yw
Llywydd Anrhydeddus Cymdeithas y Rhychwyr.

Er mai tynnu at y traddodiadol a wnâi Dic yn reddfol, yr
oedd ei feddwl yn ddigon agored i wybod na ddylid ymwrthod
â ffurfiau newydd oherwydd eu bod yn ddieithr. Cofleidiodd y
dulliau newydd ym myd amaeth fel y gweddill o'i genhedlaeth.
Yr oedd ychydig yn fwy amheus o newydd-deb ym myd
celfyddyd. Cofia fynd i gyngerdd corawl lle'r oedd y cyfeilydd
wedi agor cefn y piano ac wrthi'n taro'r tannau gyda morthwyl
trwm bob yn ail â phlycio'r gwifrau fel telynor tra oedd y côr
yn cadw sŵn a oedd yn debycach i gleber gwyddau. Er cystal
gallu'r cerddorion, ni fu'r perfformiad at ei ddant ef na gweddill
y gynulleidfa draddodiadol, ond roedd yn cyfaddef fod y ffin
rhwng arbrofi blaengar a nonsens llwyr yn denau.

Campwaith arall a ddinoethwyd ganddo oedd y gân
nas canwyd. Perfformiwyd hi gan Gerddorfa'r BBC yn ei

chyfanrwydd, sef pedair munud a thair ar ddeg ar hugain eiliad
o ddistawrwydd hollol. Fel y dywedodd:

> Da yw gwybod fod rhoi fent
> I dawelwch yn dalent.

Gall y byd celf fod yn agored iawn i stynts o'r fath. Er bod yr
arlunwyr wedi cael un cyfnod abswrd swyddogol, cafwyd
arlunydd yn gymharol ddiweddar yn llogi ystafell ar gyfer
arddangosfa o'i waith ac yna'n ei gadael yn hollol wag. Nid
dyna steil Dic. Credai'n gryf mai un o ddyletswyddau pennaf y
bardd, fel yr arlunydd a'r cerddor, yw cyfathrebu â'i gynulleidfa.
Ni welai unrhyw bwynt i'w harwain i fannau a fyddai ymhell tu
hwnt i'w dirnadaeth. Mynnai na fwriadwyd i farddoniaeth na
chelfyddyd fod yn bos. Un o'i gryfderau mawr fel bardd oedd
ei allu i uniaethu a'i ddarllenwyr. Gallai'r dyn cyffredin ddeall
ei waith a'i werthfawrogi heb gymorth esboniadau hirfaith
na throednodiadau academaidd. Fel T. Llew Jones, nid oedd
ganddo ddim i'w ddweud wrth farddoniaeth dywyll.

Nid oedd ganddo fawr i'w ddweud wrth y wers rydd
chwaith, sydd yn syndod braidd o gofio am ei edmygedd o
Waldo fel person ac fel bardd. Ymysg yr ychydig enghreifftiau o
gerddi yn y wers rydd yn netholiad Ceri Wyn Jones, *Cerddi Dic
yr Hendre*, mae'r chwe chofiant a weithiwyd yn fwriadol i ateb
gofynion un o gystadlaethau Eisteddfod Rhys Thomas James,
Llanbedr Pont Steffan; busnes oedd busnes wedi'r cyfan. Rhaid
cofio y byddai Eisteddfod Llanbed yn un o'r dyddiadau pwysig
yn ei galendr gan y byddai Edwin Jones, yr ysgrifennydd,
yn gwneud yn siŵr y byddai ei frawd, T. Llew, a Dic yn rhan
o'r hwyl a'r cystadlu. Byddai hynny yn gwarantu safon ei

eisteddfod. Dyma un o'r cerddi buddugol sy'n dangos ei fod yn
ei medru hi gystal â'n *vers libre*-wyr gorau pan ddymunai. Bob
Roberts, Tai'r Felin oedd gwrthrych y gerdd hon:

> Blawd a bwledi,
> i gyd oedd bywyd i Bob,
> farwn y clariwn clir,
> y malu a'r Moliant.
>
> Dawn a aned yn henwr
> i gyhoeddi bywyd tragwyddol
> i ful a fu farw,
> a chwalu â'i uchelwich
> aeafau ein gofid.
>
> Llanwodd y nos â'n llawenydd ni,
> ac wrth ein hiraeth
> yr adnabuom ef.
> Hen oedd ac ni heneiddiodd,
> ond mae'n dawel y felin
> a'r maen ar y cantwr mwy.

Hyd yn oed ar y mesurau penrhydd mae tinc y gynghanedd
yn grymuso'r dweud ac ychwanegu at fiwsig y geiriau. Parchai
grefft y gynghanedd. Cymerer, er enghraifft, ei englynion i
Delyth Wyn yn ddeunaw oed:

> Deunaw oed yn ei hyder, – deunaw oed
>   Yn ei holl ysblander,
>   Dy ddeunaw oed boed yn bêr,
>   Yn baradwys ddibryder.

Deunaw – y marc dewinol, – dod i oed
  Y dyheu tragwyddol,
  Deunaw oed, y deniadol,
  Deunaw oed nad yw'n dod 'nôl.

Deunaw oed – dyna adeg, – deunaw oed
  Na wêl ond yr anrheg,
  Deunaw oed dy i'engoed teg,
  Deunaw oed yn ehedeg.

Echdoe'n faban ein hanwes, – ymhen dim
  Yn damaid o lances,
  Yna'r aeth y dyddiau'n rhes,
  Ddoe'n ddeunaw, heddiw'n ddynes.

Deunaw oed yw ein hedyn, – deunaw oed
  Gado nyth y 'deryn,
  Deunaw oed yn mynd yn hŷn,
  Deunaw oed yn iau wedyn.

Deunaw oed ein cariad ni, – deunaw oed
  Ein hir ddisgwyl wrthi,
  Deunaw oed yn dynodi
  Deunaw oed fy henoed i.

Mewn pedair llinell ar hugain cynganeddwyd y gair 'deunaw' neu'r ymadrodd 'deunaw oed' bedair ar bymtheg o weithiau ac mae saith ohonynt yn groes-o-gyswllt. Mae'n orchest eiriol y byddai Beirdd yr Uchelwyr yn falch ohoni. Ar achlysur fel hyn mae'r prydydd yn troi'n fardd a'r grefft yn troi'n gelfyddyd.

Gellir olrhain y parch hwn at grefft yn ôl i'r nos Suliau
hynny a dreuliodd Dic ym mharlwr ffrynt y Cilie wrth draed
y Gamaliel. Yr oedd graen bob amser ar waith Alun gyda'r
odlau dwbl a'r gynghanedd gywrain yn nodwedd amlwg ynddo.
Mewn soned goffa, sy'n adleisio'n fwriadol soned enwog Alun,
'Sgrap', mae Dic yn hiraethu ar ôl ei athro barddol a safonau'r
oes honno. Ofnai nad oedd Alun bellach ond:

> Hen grefftwr nad oedd iddo mwyach ran
> Na lle'n llenyddiaeth ein hoes fodern ni.

Mynegwyd yr un teimladau yn y cywydd hanner ysgafn,
hanner o ddifri, 'Sdim Ots'. Ynddo cawn y teimlad fod cyfnod,
gyda marw Alun, wedi dod i ben:

> Sdim ots fod pryddestau mwy
> Yn Lladin annealladwy –
> Llinell faith a llinell fer
> A gair unig ar hanner,
> Sdim ots mai dots wedi'u hau
> Yw eu bali sumbolau.
> Daliwch i hepgor dwli
> Ffordd haws y bois ffwrdd-â-hi,
> Wŷr uniongred yr hengrefft,
> Sdim ots am gracpots y grefft.

Yn ôl Dic un o gwestiynau rhethregol Alun Cilie oedd, 'Beth
yw safon?' Ond byddai Alun wedi ateb y cwestiwn cyn y
câi neb arall gyfle i fyfyrio arno. Nid oedd safon, yn ei farn
ef, ond rhywbeth y gallech chi ei wneud eich hunan. Dros y

blynyddoedd addasodd Dic ryw ychydig ar osodiad Alun gan ei newid i 'rywbeth y buasech wedi dymuno bod wedi ei wneud eich hunan.' A dyna fu ei linyn mesur pan wisgai fantell y beirniad swyddogol. Gwyddai fod angen cyfran o lwc i ennill cystadlaethau llenyddol a bod nifer sylweddol o enillwyr yn ddibynnol ar chwaeth bersonol y beirniad.

Bu'n beirniadu ar y Gadair genedlaethol ar saith achlysur. Y tro cyntaf yn 1974 cafodd y fraint o wobrwyo awdl gampus Moses Glyn Jones, 'Y Dewin'. Yn 1981 cafodd y pleser o gadeirio John Gwilym Jones a fu'n cydchwarae ag ef yn nhîm pêl-droed Castellnewydd Emlyn chwarter canrif ynghynt. Yn anochel, bu gofyn iddo fod yn rhan o rai penderfyniadau anoddach ac yn 1985 bu rhaid dewis rhwng dwy awdl dda. Yn 1985, yn wahanol i'w ddau gyd-feirniad, aeth Dic am awdl Ieuan Wyn, yn hytrach nag am awdl fuddugol Robat Powel, a hynny am iddo adael mwy o le i'r dychymyg ac am iddo roi ei fys ar 'y ffin anniffiniol honno sydd rhwng llawenydd a thristwch'. Felly hefyd yn 2011, y 'rhywbeth anniffiniol hwnnw' a oedd i'w ganfod yn ei gwaith a sicrhaodd y Gadair i Mererid Hopwood.

Bu gwahaniaethu wedyn ymhlith y beirniaid yn 1993 ond yr oedd Dic, y tro hwn, yn un o'r mwyafrif. Ffafriodd awdl afieithus Meirion MacIntyre Huws yn hytrach nag awdl ddyfnach Emyr Lewis. Y flwyddyn honno aeth yn groes i'w gyfaill Gerallt Lloyd Owen a deimlai fod awdl Emyr wedi ymestyn ffiniau ei ddychymyg a'i anesmwytho. Ond mynd am awdl swynol, symlach Mei Mac a wnaeth Dic. Fel y dywedodd, 'O bosib ei bod yn well i ganu gydag ef na wynebu'r anesmwythyd y mae'r lleill yn gyffroi.' Y 'darn o'r haul draw yn rhywle' eto.

Yn 1996, er na chafodd ei lwyr fodloni gan gerdd R. O. Williams, teimlai, fel ei gyd-feirniaid, ei bod yn 'awdl lawer rhy dda i wrthod y Gadair iddi'. Y tro olaf iddo feirniadu oedd 2006 ac mae'n cyfaddef iddi fod yn un o'r cystadlaethau closaf iddo'u tafoli. Ond yn y diwedd 'clasuroldeb traddodiadol' Gwynfor ab Ifor aeth â hi yn hytrach na newydd-deb a dyfeisgarwch Eurig Salisbury. Dim ond y tri beirniad sy'n gwybod pa mor agos oedd hi mewn gwirionedd.

Yr oedd Dic yn ifanc ei ysbryd ac wrth ei fodd yng nghwmni'r to iau o feirdd sy'n talyrna ac ymrysona heddiw. Clywais ef yn aml yn rhyfeddu at eu doniau disglair ac yn diolch nad oedd rhaid iddo mwyach gystadlu yn eu herbyn. Ar y llaw arall yr oedd parch aruthrol i'w allu ymysg 'y beirdd ifanc'; ef a Gerallt oedd arwyr mawr sawl cenhedlaeth ohonynt a ddysgodd eu crefft ar lawr *Talwrn* Radio Cymru. Er enghraifft, yr oedd Llŷr Gwyn Lewis ar ben ei ddigon ar ôl ennill Cadair yr Urdd yn Llannerch Aeron ond yr oedd y ffaith mai cadair a roddwyd gan deulu'r Hendre er cof am Dic oedd hi wedi ychwanegu'n sylweddol at ei wobr.

Er ei fod yn ifanc ei ffordd, tueddu at y traddodiadol a wnâi fel beirniad. Wrth dafoli'r englynion cenedlaethol yn 1983, ffafrio englyn uniongyrchol Elias Davies i Iwerddon a wnaeth yn hytrach nag un o'r nifer o englynion mwy heriol gyda'r ffugenwau Gwyddelig a anfonwyd i'r gystadleuaeth gan T. Arfon Williams. Tua'r adeg yma yr oedd Arfon yn torri tir newydd ac yn ehangu posibiliadau'r englyn gyda'i ddelweddu cyffrous; barddoni'r testun, yn hytrach na'i ddiffinio, a wnâi. Er i Arfon gael ei wobr flwyddyn yn ddiweddarach yn Llanbedr Pont Steffan gan Gerallt am yr englyn 'Llaw', braidd yn gyndyn fu brawdoliaeth Neuadd Pontgarreg a Chaffi'r Emlyn i dderbyn yr englyn Arfonaidd yn ei holl newydd-deb arbrofol. Cofiaf Dic yn sôn am y profiad a gafodd o geisio gweithio englyn ar y cyd ag Arfon mewn ymryson. Nid oedd y ddau ar yr un donfedd gan eu bod yn dod at y testun a'r ffurf o gyfeiriadau gwahanol. Yn fuan iawn bu raid cyfaddawdu gan gytuno i weithio englynion unigol yn eu dulliau eu hunain.

Yn ei feirniadaeth yn Ynys Môn yn 1983, mae Dic yn cyfaddef nas plesiwyd yn llwyr gan yr un o'r englynion. Ond mae'n gwybod mai englyn Elias Davies sydd yn ei blesio fwyaf. Â ymlaen i holi a yw yn llwyddo i gyrraedd y peth annelwig hwnnw, sef safon yr Eisteddfod Genedlaethol. Nid yw'n gallu rhoi ateb pendant ond mae'n cyfaddef y byddai ef wedi bod yn ddigon balch o fod wedi ei lunio ac na all felly wneud dim llai nag argymell ei wobrwyo. A dyna ni yn ôl gyda chwestiwn ac ateb Alun Cilie: 'Beth yw safon ond rhywbeth y gallech chi ei wneud eich hunan?'

Mewn dosbarth nos neu gyfarfod tîm talwrn, yr oedd ei feirniadaeth yn gynnil. Os mai 'Ie' hanner llugoer oedd yr ymateb, gallech fentro bod angen ailwampio sylweddol ar y cynnig cyn cyrraedd unrhyw fath o safon. Bryd arall gallai un llinell, neu hyd yn oed air, danio ei ddychymyg. Ar adegau felly ei duedd fyddai gweithio englyn newydd o amgylch y darn a'i hysbrydolodd. Gallai hyn, wrth gwrs, ddifetha hyder unrhyw ddechreuwr nad oedd yn ei adnabod yn dda. Cofia Rhian, ei ferch, am y tro y bu hi'n cystadlu yn yr Eisteddfod Ryng-golegol lle gofynnid am ddarn o farddoniaeth ar unrhyw fesur o ddewis yr ymgeisydd. Cododd chwant arni i wneud englyn a hynny am y tro cyntaf yn ei hanes. Dangosodd ei hymdrech i'w thad a chytunodd hwnnw y gallai ei hanfon i mewn i'r gystadleuaeth, ond cynghorodd hi i beidio ar unrhyw gyfrif â'i galw yn englyn.

Goddef beirniaid llenyddol a wnâi Dic a thebyg y byddai'n eu lleoli ychydig yn is nag ambell i ddyfarnwr rygbi neu

hyfforddwr pêl-droed. Os oedd rhaid eu cael ni ddylid talu
gormod o sylw i'w pregeth. Teimlai mai ef oedd yr unig feirniad
o bwys ar ei waith ei hunan. Pan fyddai wedi taro deuddeg
gwyddai hynny ym mêr ei esgyrn a phan na fyddai wedi cael
cystal hwyl arni nid oedd angen neb arno i nodi hynny. Clywais
ef ar adegau yn dangos anfodlonrwydd clywadwy ar lawr y
talwrn pan fyddai ambell i feuryn dibrofiad yn taflu llinyn
mesur go feirniadol dros ei gynnyrch. Ni fyddai ei ymateb ar
adegau felly yn annhebyg i un Syr Alex Ferguson pan dybiai fod
ei dîm wedi cael cam. Ond byddai'n derbyn dyfarniad Gerallt
yn ddigwestiwn.

Yn y flwyddyn 2000, ar ôl cael ei annog i gystadlu o gyfeiriad
Llanelli, rhoes her unwaith eto i feirniaid y Gadair genedlaethol;
byddai wrth ei fodd yn corddi'r dyfroedd o dro i dro. Yr oedd
y testun yn agored a dewisodd Dic ganu dwy gerdd ar bymtheg
ar amrywiol fesurau caeth o dan y teitl 'Cymru 2000'. Cerddi
dychanol, gwleidyddol gyfoes ydynt yn ôl patrwm nifer o'r
darnau a welid yn ei golofn wythnosol yn *Golwg*. Cymerai Dic
ddiddordeb byw yn y byd a'i bethau ac yn y gystadleuaeth hon
mae'n taflu ei olygon sinigaidd ar bynciau megis y Gwasanaeth
(af)Iechyd, clonio, canu pop, ac ar y Cynulliad mewn cerdd sy'n
dwyn y teitl 'Datgaloni'. Nid cam-brint yw hynny ond enghraifft
arall o'i hoffter o chwarae gyda geiriau. Am flynyddoedd bu'n
credu bod ein hawdlau cadeiriol yn drymlwythog o dristwch
a hiraeth. Teimlai bod angen ysgafnhau'r awyrgylch. Ni ellir
llai na theimlo ei fod wedi cael pleser wrth herio'r drefn yn
Llanelli a chodi dau fys ar y byd sydd ohoni, yn wleidyddol ac
yn llenyddol. Fe wneir hyn mewn dull ysgafn ond mae'r tri
beirniad yn sylweddoli fod yno, o dan yr wyneb, sylwebydd
craff sy'n dinoethi rhai o baradocsau hurt ein bywyd modern.

Rhyfedda'r tri beirniad at adnoddau ieithyddol a chynganeddol y bardd hwn sy'n medru ymdrin â'i fater ar fesurau traddodiadol cerdd dafod gyda'r fath ystwythder naturiol. Fel y sylwodd Ceri Wyn Jones yn ei ragymadrodd i *Cerddi Dic yr Hendre*, aeth arddull gynganeddol Dic yn fwy llafar ar ôl iddo ddechrau cyfrannu cerddi wythnosol i *Golwg*. Ai galwadau cyson y wasg newyddiadurol sy'n gyfrifol am y newid hwn, neu a oedd yn esblygiad naturiol yn yr arddull a fyddai wedi digwydd beth bynnag? Yn sicr, tua'r diwedd, teimlai Dic fod cynganeddu rhythmau a chystrawennau sgwrs bob dydd, yn hytrach nag arddull fwy barddonol, yn cryfhau'r dweud. Sylwer ar yr englyn ysgafn, ymddangosiadol ffwrdd-a-hi hwn i 'Bwyta'n Iach' lle mae crefft y cynganeddu yn cael ei chuddio o dan yr hiwmor tywyll a newydd-deb y dweud:

> I'w hwtro 'rwyf fi hytrach – yn fyddar,
> Ond fe fyddai, hwyrach,
> Fy nghoffin i'n ysgawnach
> Betawn i yn bwyta'n iach.

Pe bai wedi dymuno mynegi hyn mewn brawddeg o ryddiaith naturiol, go brin y byddai raid iddo newid dim ar drefn y geiriau. Rhinwedd, nid gwendid, fyddai hynny i Dic.

Collodd y dydd yn Llanelli i gasgliad cynnil Llion Jones am fod hwnnw wedi twrio'n ddyfnach wrth geisio canfod ystyr i fodolaeth dyn ar droad y mileniwm. Yn arwyddocaol, Yr Hen Heretic oedd ffugenw Dic ac mae'n bosibl fod y dychan parhaus wedi boddi llais y bardd yn y rhan fwyaf o'r cerddi. Fel y dywedodd Dic ei hunan: 'Hosan wag yw sinigiaeth.'

Y gerdd gryfaf yn y casgliad yw 'Cwrdd y Bore' lle mae'r

dychan yn llai amlwg ond yn fwy cynnil. Mae'n ddarlun sy'n dweud llawer am ddirywiad yr Achos yn y Gymru wledig, ac ni allaf lai na synhwyro fod deigryn yn y paent:

> Yn ei ddwst a'i wedduster
> Tawai'r cloc a swatiai'r clêr
> Yn sych-Saboth swch-syber.

> Croen y wal yn cario nod
> Llwydni ac ambell adnod
> A hen luniau'r eilunod.

> Dau lwmp o hen ŷd y wlad,
> Un hen g'wennen a'r gennad –
> Digon i gael diwygiad –

> Yn cwafrio'r ceinciau hyfryd
> A 'cyhoeddi' 'run ffunud
> Â 'taen nhw'n gant yno i gyd.

> Hwylio drwy'r fendith ola
> I'r iet yn gwartet, 'Ta-ta
> A *go' bless* tan tro nesa.'

Mae'n bosibl y byddai rhagor o ganu fel hyn wedi ennill iddo ei ail Gadair swyddogol.

Bu'n aflwyddiannus yng nghystadleuaeth y Goron hefyd yn Llanelli. Gofynnwyd am bryddest neu ddilyniant o gerddi ar y testun 'Tywod' a chanodd Dic gasgliad o gerddi yn adrodd hanes tymhestlog dafad ddu teulu'r Cilie, John Tydu Jones, a ymfudodd i Ganada. Uwchben y casgliad, er mwyn testunoli'r cyfanwaith, rhoes y dyfyniad adnabyddus o un o englynion y gwrthrych:

> Tywodyn o Gwm Tydu
> Yn hollt y rhwyf …

Rhoddwyd y dilyniant yn y pedwerydd dosbarth gan Jason Walford Davies oherwydd ei fod o'r farn nad oedd un tywodyn o Gwm Tydu yn ddigon o draeth i gynnal cerdd ar y testun gosodedig.

Yr oedd Dic wedi syrffedu ar y pryddestau gwers rydd a enillai'r Goron yn flynyddol ac aeth ati i wneud ei safiad drwy anfon dilyniant mydr ac odl i mewn i'r gystadleuaeth. Dafydd Rowlands oedd yr haelaf ei glod o'r tri beirniad. Yn ei feirniadaeth cyfaddefa, ac yntau wedi ei fagu ar fiwsig yr hen benillion a'r tribannau, fod darllen crefft lân Dic wedi bod yn bleser pur iddo. Ond, yn rhyfedd iawn, ef oedd yr halltaf ei lach. Mae'n gorffen drwy ddweud fod siâp barddoniaeth bellach wedi newid ac nad yw bardd ddoe yn ennill coronau heddiw. Ni allai Dic dderbyn hyn ac aeth ati i ymosod ar yr honiad mewn soned yn *Golwg* o'r enw 'Mas o Ddat':

> Cân di dy hen benillion a'th dribannau
> I lonni'r 'rinclis' yn y Babell Lên,
> Ond paid â mentro'u dangos yn y mannau
> Lle mae coronau i'w cael – maen nhw'n rhy hen.
>
> Cân di dy bennill telyn a'th delyneg
> Er mwyn i gyw-ddoethuriaid ennill gradd
> Am studio'u hadeiladwaith yn y coleg,
> Ond paid a'u gyrru i'r Steddfod ar dy ladd.

Aeth seinberusrwydd mwy yn anffasiynol.
Nid yw barddoniaeth gyfoes yr un siap
A'r digonfensiwn nawr yw'r confensiynol
Heb fawr o neb ac arno ond rhyw grap.

Felly na ddwg dy fydrau pert i'r sioe,
Pa ennill coron heddiw ag awen ddoe?

Tybed a gyffyrddodd Dafydd Rowlands â nerf yng
nghyfansoddiad Dic i ennyn ymateb mor chwyrn ganddo?
Clywais Dic fwy nag unwaith yn mynnu mai un o ddynion ddoe
ydoedd yntau erbyn hynny. A welai ei hunan, fel Alun Cilie
genhedlaeth ynghynt, fel 'hen grefftwr nad oedd iddo mwyach ran
na lle'n llenyddiaeth ein hoes fodern ni'? A oedd ffyrnigrwydd y
dweud yn bradychu'r ffaith fod Dic yn ofni ym mêr ei esgyrn y
gallai fod peth gwirionedd yn sylw Dafydd Rowlands wedi'r cwbl,
ond nad oedd yn barod eto i gydnabod hynny?

Er mai ysbeidiol a chyfnewidiol yw chwaeth a chwiw lenyddol,
bydd cerddi mawr yn aros; goroesant bob ffasiwn newydd a gallwn
fod yn sicr y bydd gweithiau gorau Dic fyw tra pery'r iaith. Er bod
y cerddi mawr, arhosol wedi eu cyfansoddi erbyn y blynyddoedd
olaf, daliodd yn driw i'w awen. Bu'n aelod o dîm Crannog tan y
diwedd gan ddarparu cywyddau, englynion a thelynegion cwbl
ddillyn y byddai unrhyw dalyrnwr yn fwy na balch o gael eu
darllen o flaen y meic. Ac yng ngwendid corfforol ei fisoedd olaf
lluniodd gywydd crefftus ar gais yr Eisteddfod i'w ddarllen, yn ei
absenoldeb, o'r llwyfan yn ystod seremoni'r cadeirio yn y Bala:

Lle mae'r ffair yn llamu'r ffyrdd
Mae'r Pethe'n bethe bythwyrdd.

Yr oedd y cywydd hwn, ei gerdd olaf, yn cyfannu'r cylch gan mai yn y Bala yr enillodd Gadair yr Urdd am y tro cyntaf. Fel un o grefftwyr medel y cae medi gynt, gwarantodd fod yr helm yn ddiddos ar ei ôl a'r cynhaeaf yn ddiogel.

Curo Ffrainc a'r refferî

Yn ieithwedd seicolegwyr y byd chwaraeon yr oedd Dic yn
enillydd. Mae gan Tristan gof da am chwarae gwyddbwyll yn
erbyn ei dad yn blentyn. Colli fyddai ei hanes bob tro a byddai
Siân yn erfyn ar Dic adael i'w mab ennill ambell i gêm rhag
torri ysbryd y crwt. Ond byddai hynny yn groes i egwyddorion
cystadleuol Dic. Os oedd gêm i'w chwarae, rhaid oedd ei
chwarae o ddifrif, a'r unig fuddugoliaeth o werth fyddai honno
a enillid drwy brofi eich bod yn drech na'ch gwrthwynebydd.
Cofiai Dic ei hunan am y wefr a gâi wrth guro T. Llew Jones
mewn ambell gystadleuaeth farddonol yn y dyddiau cynnar:

> A'i guro mewn rhagoriaeth, – fwy na hon
> Ni fedd y galon un fuddugoliaeth.

Erbyn hyn, wrth i Tristan chwarae gwyddbwyll yn erbyn ei
feibion ei hunan, yr un ydyw'r stori. Mae'r wers a ddysgodd gan
ei dad erbyn hyn yn rhan o'i gyfansoddiad yntau ac, fel hynny,
o fwrdd i fwrdd, y caiff ei throsglwyddo i'r genhedlaeth nesaf.

   Fel y nododd ei gyfaill, Iwan Davies, yr oedd yr un mor
gystadleuol o flaen y bwrdd dartiau. Yn fechgyn treulient oriau
yn ymarfer y grefft yng Nghlwb y Drôm ym Mlaenannerch.
Anaml y byddent yn colli fel unigolion nac fel pâr, ond pan
drechid Dic byddai, yn ôl Iwan, yn ei chymryd fel ergyd
bersonol gan fynd yn wan ei hwyl. Ond wedyn, gŵyr pob
seicolegydd chwaraeon fod casáu colli yn rhan anhepgor o
wneuthuriad pob pencampwr.

Cofiaf iddo sôn am chwarae criced yn erbyn un o dimau T. Llew Jones, a oedd yn gryn giamster ar y gêm. Pan ddaeth yn adeg iddo fynd i fatio, T. Llew oedd yn bowlio a thrawodd Dic ei belen gyntaf ymhell dros y ffin am chwech. Ceisiodd ailadrodd y gamp gyda'r ergyd nesaf ond methodd hi a thrawodd y bêl ef ychydig uwchlaw'r bogail. Er mawr syndod iddo, apeliodd T. Llew am goes o flaen wiced a chafodd fwy fyth o syndod pan gododd y dyfarnwr ei fys. Ni fu ganddo fawr i'w ddweud wrth ddyfarnwyr criced wedi hynny.

Gêm arall a apeliai ato oedd snwcer, a roddai gyfle iddo i gyfuno llygad y chwaraewr dartiau â gallu ymenyddol y gwyddbwyllwr. Parchai grefft y meistri a gweithiodd englyn i ddathlu camp Matthew Stevens o Gaerfyrddin wrth glirio'r bwrdd yn Theatr y Crucible yn Sheffield. Dyma fel y gwelodd y ford honno:

> Y gamp i Fatthew a'i giw – yw taro
> Mewn un toriad clodwiw
> Gydag ergyd gywirgiw
> I'w chewyll hi y chwe lliw.

Esgorodd camp debyg, sef pŵl, ar un o'i delynegion mwyaf cofiadwy ar y *Talwrn*. 'Lliw' oedd y testun gosodedig:

> Y Brenin Mawr yn rhoi sialc ar ei giw
> A gwahodd y Diafol i ddewis ei liw.

> A'r wen yn taranu yng ngrym yn toriad
> Gan chwalu'r peli i bob cyfeiriad –

> I ddyfnder poced neu i daro'i gilydd
> Yn fyrddaid chwâl o liw aflonydd.

A'r wen yn eu suddo o un i un
(Ond câi ei hailosod 'tai'n ei suddo ei hun!)

A'r lliwiau yn syrthio bob un i'w dynged
Hyd nes i'r wen gael y ddu i'w phoced,

A Duw a'r Diafol yn rhoi'u ciwiau i hongian
Ac ysgwyd llaw, achos gêm oedd y cyfan.

Mae hon yn delyneg bryfoclyd lle delweddir y ddynoliaeth
fel byrddaid amryliw o beli pŵl gyda thynged y rheiny yn
ddibynnol ar chwiwiau a chiwiau Duw a'r Diafol. Mae'n
gadael cryn sgôp i'r dychymyg ac o ganlyniad, yn agored i sawl
dehongliad. Ynddi daw'r bardd a'r diwinydd ynghyd a gellid
dweud fod yma ddeunydd pregeth. A phwy na all ddweud nad
oes yma elfen ddireidus o dynnu coes, cans, wedi'r cyfan, gêm
ydyw'r *Talwrn* – a barddoniaeth ei hunan o ran hynny.

Yr oedd yn giamster gyda'r ciw. Gallai reoli'r bêl wen yn
ddeheuig a byddai hi, fel ci defaid ffyddlon, yn corlannu'r praidd
iddo fel y dymunai. Pan ddaeth chwarae pŵl yn boblogaidd
yn chwarter olaf y ganrif a aeth heibio, yr oedd y sgiliau a
ddysgodd ar fyrddau mawr stafelloedd cefn neuaddau pentref
yn ddefnyddiol iawn ar gyfer byrddau llai'r tafarndai. Yr adeg
honno daeth chwarae pŵl i Far Bach y Gogerddan. Chwarae
mewn parau oedd yr arferiad gan y byddai nifer o botwyr, ym
mhob ystyr y gair, yn dymuno cael gêm ac yn bwcio eu lle drwy
roi eu harian ar ochr y ford. Y drefn oedd y byddai'r enillwyr
yn aros wrth y bwrdd er mwyn chwarae'r pâr nesaf. Yn aml
iawn, os na fyddai Tristan yno, fi fyddai partner Dic. Gwyddai
ef a minnau nad oeddwn yn suddwr peli, felly pan ddôi yn dro

i mi gael ergyd byddai'n dod gyda mi at y ford gan roi ei fys ar yr union le y dylwn adael y bêl wen ar gyfer yr ergyd nesaf. Ni ddylwn ystyried potio dim; fy unig ddyletswydd oedd sicrhau bod y wen yn saff ac yn sownd wrth un o'n peli ni fel nad oedd dim byd ar gael i'r sawl a'm dilynai. A gwyddwn wrth ei osgo na fyddai'n hapus pe na ddilynid y cyfarwyddiadau i'r filifedr.

Bob nos Wener newidid y drefn a chynhelid cystadleuaeth agored gyda phawb yn chwarae fel unigolion. Cofiaf un achlysur pan oedd Dic wedi cyrraedd y ffeinal. Erbyn hynny yr oedd hi wedi mynd yn rhywbryd o'r gloch, ond yr oedd cynulleidfa frwd wedi aros ymhell wedi amser cau i weld y gêm. Ei wrthwynebydd gymerodd yr ergyd gyntaf ac ar ôl iddo dorri aeth Dic at y ford i weld beth oedd ar gael. Dechreuodd botio'r peli ac ar ôl pob suddiad byddai'n cerdded o amgylch y bwrdd yn bwyllog, fel Terry Griffiths, i astudio'r patrwm er mwyn cynllunio'r ffordd orau i ryddhau ambell bêl a fyddai'n gorwedd mewn clwstwr. Gyda'r cyfuniad hwn o feddwl mathemategol a thechneg gadarn, llwyddodd i orffen y gêm ar yr un ymweliad hwnnw â'r bwrdd. Yr oedd hyn yn gryn gamp a hoffwn gredu fod y ffaith mai Sais hyderus oedd ei wrthwynebydd wedi rhoi min ychwanegol ar ei giw y noson honno. Daw'r cwpled o'i gywydd 'Parc yr Arfau' i gof:

> Yma'n y gwynt mae hen go'
> A hen sgôr eisiau'i sgwario.

Pêl-droed oedd gêm Ceredigion pan oedd Dic yn ifanc; nid oedd fawr o rygbi yn cael ei chwarae ar wahân i'r hyn a chwaraeid yn yr ysgolion. Amddiffynnwr caled a chytbwys ydoedd, gŵr cydnerth y byddai'n well gennych chwarae gydag ef nag yn ei erbyn. Cymerai'r gêm o ddifri ac ar y pryd yr oedd y fraint o gael gwisgo crys tîm tref Aberteifi yn golygu cymaint iddo ag unrhyw wobrau llenyddol a ddaeth i'w ran yn ddiweddarach. Yng nghrys Aberteifi y cafodd y profiad chwerwfelys o farcio Len Allchurch a fu, fel ei frawd, Ivor, yn chwarae i dîm llawn Cymru ychydig yn ddiweddarach. Byddai Dic yn barod i gyfaddef iddo ef ei hunan gwrdd â'i feistr y prynhawn hwnnw.

Bu hefyd yn chwarae i dîm Castellnewydd Emlyn gan ddechrau cyfeillgarwch oes gyda'r tri brawd o Barc Nest. Nid oedd Aled yn credu i'r pedwar ohonynt chwarae yn yr un un ar ddeg gyda'i gilydd, ond gellid dweud i sicrwydd fod tri darpar Archdderwydd a phedwar darpar brifardd wedi cynrychioli Castellnewydd Emlyn ar gaeau pêl-droed o fewn cyfnod o bum mlynedd. Ni all yr un Bryn-coch arall ddod yn agos at dorri'r record honno. Yn ddiweddar iawn, yn un o ddathliadau llenyddol y dref, anrhydeddwyd Dic drwy gyflwyno crys pêl-droed yr oes aur iddo, sef yr hen grys eiconig hwnnw o gylchoedd coch a gwyn a wisgai gyda balchder gynt.

Cofiai ei gyd-chwaraewyr amdano'n cyrraedd eiliadau cyn i'r bws a gludai'r tîm i gemau oddi cartref adael y maes parcio. Byddai wedi dod ar wib ar ei fotor-beic yn syth o'i gaeau gwaith, yn aml heb fendith ei dad. Fel arfer byddai wedi dod â'i fowth organ gydag ef a chaed cyngerdd yn y bws ar y ffordd adref o'r gêm. Hanner canrif yn ddiweddarach cofia disteiniaid yr Orsedd ei weld yn cyrraedd yr ystafell wisgo mewn aml i ŵyl gyhoeddi ar ôl i'r aelodau eraill ymffurfio'n brosesiwn. Ond os mai pêl-droediwr a derwydd munud olaf ydoedd ni chollodd y bws erioed.

Yr oedd diddordebau Dic a bechgyn Parc Nest yn cwmpasu bydoedd y bêl a'r bardd ac yn eu tynnu'n naturiol at ei gilydd.

Yn ystod gemau byddai Dic a John Gwilym yn ymarfer eu doniau cynganeddol drwy weithio englynion ar y cyd fesul llinell. Wele un o'r cyweithiau:

> Yn gwic y boi a gicia bêl – i'r rhwyd
>   'Rôl rhedeg drwy'r pwdel;
> Os yw oes y shots isel
> Mewn bri, pa goli a'i gwêl?

Dro arall, ar ôl i un o'i gyd-chwaraewyr fethu'r targed, sylw Dic oedd, 'Mae'n gôl rhyfeddol o fach.' Yr oedd hyn, yn ôl y llên-garwr Hywel Teifi Edwards, yn hollol annerbyniol a mynnai, pe bai ef ar y cae, y byddai wedi rhoi stop ar yr englyna, boed ef yn chwarae gyda hwy neu yn eu herbyn. Gallwn fod yn ddiolchgar mai Aberaeron, ac nid Castellnewydd Emlyn, oedd tîm Hywel Teifi. Pan ofynnodd Hywel Teifi am gerdd gan Dic ar gyfer cyfrol i ddathlu dau can mlynedd tref Aberaeron, ymateb chwareus Dic oedd llunio cywydd i'w maes pêl-droed, y Cae Sgwâr, lle sgoriodd Dic gôl gofiadwy yn erbyn y dref. Mae'n dal i drysori'r ennyd honno:

> Unwaith, mewn oes wahanol,
> Ar Ga'r Sgwâr y sgoriais gôl.
> A phob tro'r af heibio'r fan
> Rhagor rwy'n cofio'r cyfan.

Er i Delyth wneud ei marc fel athletwraig ar draciau siroedd Cymru yn ystod ei dyddiau ysgol, mae'n debyg mai Tristan a ddaeth agosaf at wireddu breuddwydion ei dad ym myd y campau corfforol. Gwisgodd grys coch ysgolion canolbarth

Cymru mewn pencampwriaeth bêl-droed allan yn Belfast; treuliodd gyfnod ar lyfrau Peterborough United a bu ar daith i Ddenmarc gyda'r tîm datblygu. Teithiai i ganolbarth Lloegr yn wythnosol yng nghwmni Simon Davies o Solfach a aeth ymlaen i chwarae i dimau Spurs a Fulham ac i dîm llawn Cymru. Ond dychwelyd i Geredigion i chwarae yn lleol a wnaeth Tristan, a chyn iddo anafu ei ben-lin yn derfynol, sgoriodd dair gôl i dîm Aber-porth yn ffeinal fawr Llun y Pasg ar Gae Sgwâr Aberaeron, Wembley godre Ceredigion. Yr oedd yn *hat-trick* yng ngwir ystyr y gair, sef un gyda'i droed dde, un gyda'i droed chwith a'r llall gyda'i ben.

Erbyn hyn, Osian Williams, un o feibion Rhian, sy'n cadw'r traddodiad teuluol yn fyw. Mae'n aelod allweddol o dîm pêl-droed tref Aberteifi sy'n ennill cwpanau di-rif y dyddiau hyn. Ef heddiw sy'n gwireddu proffwydoliaeth Dic yn ei gywydd i'r Cae Sgwâr a bu'r tad-cu yno yn gwylio'r ŵyr yn chwarae gan gyfannu cylch arall:

A chyda'r hwyr daw wyrion
'R hen foi i'r feithrinfa hon
I gwrso cic ar Gae'r Sgwâr
Yn do iau i'w darn daear.

Ym myd cerdd etifeddodd Dic reddf gystadleuol ei dad. Teimlai yn fynych mai chwaeth bersonol, neu ddiffyg chwaeth efallai, ynghyd ag elfen o ffafriaeth ronc a fyddai'n gyfrifol pan gollai Pensiynwyr Aberteifi i Gôr Pontarddulais neu'r Mochyn Du ar y llwyfan cenedlaethol. Nid oedd yn gollwr da. Gallai fod mor unllygeidiog â'r gweddill ohonom wrth gefnogi ein tîm cenedlaethol a chawn fy atgoffa weithiau o eiriau'r gŵr o

Seland Newydd a ddywedodd nad oedd modd curo Cymru ar y cae rygbi; yr unig beth y gellid ei wneud oedd sgorio mwy o bwyntiau na'r crysau coch.

Ni chredaf iddo chwaith dderbyn rhesymeg y beirniaid yng nghystadlaethau y Gadair a'r Goron yn 2000. Gwn iddo gael sgwrs hir ag un ohonynt, R. Geraint Gruffydd, ar ôl iddo ddod ar ei draws wrth adael y Maes y prynhawn hwnnw. Gwyliais y drafodaeth honno o hirbell, ac yr oedd yn amlwg i mi mai Dic oedd y llefarydd pennaf. Ni wn a ddaeth o hyd i'r gweddill, ond byddai wedi gwneud yn fawr o'r cyfle i ddweud ei ddweud pe bai'r cyfle wedi dod i'w ran.

Fel aelod o dîm Crannog yr oedd ennill yn bwysig iddo; ei egwyddor oedd na ddylem golli hyd yn oed hanner marc ar unrhyw dasg. Ond yr oedd ei agwedd yn fwy Corinthaidd yn ei ymwneud â'r *Talwrn*. Er mai cystadleuaeth ydoedd byddai'r cyfeillgarwch a'r cymryd rhan yn bwysicach iddo na'r ennill. Fel y dywedodd y meuryn, Gerallt Lloyd Owen, ei hunan yn yr englyn:

> Er ymryson barddoniaeth â'n gilydd
> i gael goruchafiaeth,
> ein Talwrn di-ddwrn a ddaeth
> yn dalwrn ein brawdoliaeth.

Nid oedd talyrna, fel pêl-droed i Bill Shankly, yn bwysicach na bywyd a marwolaeth iddo.

Byddai'n cyfyngu ei ymdrechion talyrnol i ryw dair neu bedair tasg, gadawai'r gweddill heb eu cyffwrdd er mwyn i aelodau eraill y tîm gael eu cyfle ond byddai'n gymorth hawdd ei gael pan fyddem wedi methu. Rwy'n cofio un o'r cyfarfodydd hynny pan ddeuem at ein gilydd i drin y stwff cyn ei anfon yn ôl i Fangor. 'Dresel' oedd testun yr englyn ac er bod gennym ryw dri englyn i'w cynnig, nid oedd un ohonynt yn plesio Dic. Rhaid felly oedd mynd ati i weithio un arall o gwmpas y bwrdd. Yr oedd yn rhaid cael englyn a fyddai'n deilwng i'w roi o flaen Gerallt; ni wnâi rhywbeth na fyddai ddim ond yn ateb y dasg y tro. Wrth drafod y testun, soniodd Owen James, aelod o'r tîm, am y cof oedd ganddo am ei fam-gu yn rhoi cwyr ar y dresel deuluol. Disgleiriodd llygaid Dic a dywedodd, 'Dyna fe.' Caeodd ei lygaid gan roi ei ddwylo am ei ben. Tawelodd y gweddill ohonom er mwyn iddo gael chwarae teg. Er hynny, yr oedd wedi ymgolli yn y dasg i'r fath raddau fel na wnâi'r hyn a ddigwyddai o'i amgylch unrhyw wahaniaeth iddo. Ni fu fwy na dwy funud cyn ein hysbysu ei fod wedi cael englyn:

> Mi a welais am eiliad – yn ei sglein
> Ar bwys clwyd y farchnad,
> Gyda'i lliain, nain fy nhad
> Yn ei chwyro â chariad.

Yr oedd y gair 'cwyr' wedi rhoi 'cariad' iddo. Gyda'r llinell glo felly yn ei lle, a'r odl a'r trywydd wedi eu sefydlu, mater bach wedyn i gynganeddwr o'i allu ef oedd cwblhau'r englyn drwy weithio am yn ôl.

Ar ôl i'r englyn gael amser i oeri gofynnodd inni ei ddarllen yn ôl iddo. Gallem weld ei fod yn gymharol fodlon gan iddo ddweud na fyddem yn debygol o golli marc arno. Eto, synhwyrem nad oedd yn ystyried ei fod wedi cyrraedd yr uchelfannau. Gwyddai mai cwblhau'r dasg a wnaeth drwy chwarae â geiriau, hynny yw, prydydda, nid barddoni. Gwyddai ei fod yn englyn safonol, ond yr oedd yn ymwybodol fod safon uwch o fewn ei gyrraedd pan ganai o'r galon.

Yr oedd, wrth gwrs, yn dîm talwrn ei hunan ac yr oedd llwyddiannau Crannog yn y gyfres yn cydredeg â'i bresenoldeb ef yn y rhengoedd. 'Y cawr Dic yn cario'i dîm' oedd hi, fel y nododd Rhys Dafis mewn rhyfelgri cyn un o'r talyrnau lleol. Yr oedd gwerth ei feddwl cyflym yn amhrisiadwy. Ar y dasg fyrfyfyr mewn un ffeinal, yn hytrach na gosod llinell i'w hateb yn ôl yr arfer, gofynnodd Gerallt yn ei ddireidi am un linell gynganeddol i gyfarch y Fam Frenhines a oedd yr adeg honno wedi cyrraedd ei phen-blwydd yn gant ac un. Penrhosgarnedd oedd y gwrthwynebwyr a hwy oedd y cyntaf at y meic lle'r adroddodd y Prifardd-Barchedig John Gwilym Jones y llinell ganlynol: 'Clatsia bant, 'r hen gant ac un,' a'i ddweud gyda phob dyledus barch. Yr oedd Dic wedi dod o hyd i ateb Crannog mewn eiliadau a'r unig fater i'w drafod oedd pwy fyddai'r person mwyaf addas i'w lefaru. Penderfynwyd mai Dai Glynmelyn fyddai'n cael y fraint a phan ddaeth tro Crannog aeth Dai at y meic gan gyhoeddi'n herfeiddiol, 'Twll tin y Fam Frenhines.' Am ryw hanner eiliad bu distawrwydd llethol yn y Babell Lên cyn i'r chwerthin dorri allan nes bod y llwyfan yn llythrennol yn corco.

Yr adeg honno câi gwylwyr flas ar yr Eisteddfod yn fyw ar S4C 2. Gan fod y camerâu yno penderfynwyd y byddai modd, heb fawr o gost ychwanegol, trosglwyddo'r lluniau a'r lleisiau yn ddisylwebaeth a heb unrhyw ymyrraeth olygyddol i gartrefi'r gwylwyr. Ond er bod hwn yn wasanaeth hynod boblogaidd a chymharol rad, nid oedd ar gael y flwyddyn ganlynol. Ni allwn ond dyfalu a fu sensitifrwydd gwleidyddol y Gorfforaeth Brydeinig yn rhannol gyfrifol am y penderfyniad hwn ai peidio. Ond gwyddom i sicrwydd ei bod wedi cymryd wythnos neu ddwy cyn i Dai gael maddeuant gan ei fam ei hunan am ei ddiffyg parch tuag at y Fam Frenhines.

Profodd Hedd Bleddyn o haelfrydigrwydd Dic yn y flwyddyn y gwnaeth ei ymddangosiad cyntaf yn nhîm Maldwyn yn yr Ymryson yn yr Eisteddfod Genedlaethol. Yr oedd wedi cael sgwrs gyda Dic yn ystod y bore ac wedi mynegi ei bryderon nerfus am yr Ymryson y prynhawn hwnnw. Yn ddiweddarach, wedi i'r timau gael eu tasgau daeth un o'r stiwardiaid at Hedd â darn o bapur oddi wrth Dic ac arno linell i ateb y dasg rhag ofn y byddai ei hangen. Yr oedd Dic, er ei fod yn aelod o un o'r timau eraill, yno yng ngwres yr Ymryson wedi cofio am ofidiau un o'i wrthwynebwyr.

Cofiaf amdano mewn talwrn radio yn ystod y cyfnod pan oedd yr englyn-ar-y-pryd yn englyn-ar-y-pryd go iawn gyda'r testun yn cael ei osod ryw gwta awr cyn dechrau recordio'r rhaglen. Y noson honno, gadawodd i ni fynd ymlaen â'r dasg hebddo ac aeth ati i gynorthwyo'n gwrthwynebwyr gyda'u henglyn hwy am fod, yn ei eiriau ef, 'fwy o angen help arnynt'.

Anaml iawn y bu'n cystadlu yn adran farddoniaeth yr Eisteddfod Genedlaethol ar ôl 1976, ond pan wnâi hoffai wneud tipyn o sioe ohoni. Cymerer, er enghraifft, Eisteddfod Caerdydd yn 1978, ddwy flynedd ar ôl strôc mawr Aberteifi. Yr oedd i mewn ar yr englyn, yr englyn digri a'r cywydd. Enillodd ar y tair cystadleuaeth, ond yn fwy na hynny gellid dweud fod y tri chyfansoddiad buddugol ymysg pigion y cystadlaethau hynny dros y ganrif. 'Clawdd Offa' oedd testun yr englyn:

> Nid wal sy'n rhannu dwywlad, – na dwrn dur
>   Rhyw hen deyrn anynad,
>   Nid rhith o glawdd trothwy gwlad,
>   Nid tyweirch ond dyhead.

Gwyddai Dic yn iawn mai ffin a fodolai yn y galon oedd Clawdd Offa mewn gwirionedd.

'Yn eisiau – gwraig' oedd testun yr englyn digri, a hwnnw i fod ar ffurf hysbyseb:

> Rwy' am gymar fyddar, fud, – wen, fwyn, ddoeth,
> Fain, ddethe, hardd, ddiwyd,
> Os ca' i un sy'n bres i gyd
> Mi af â'i mam hi hefyd.

Byddai Dic yn un o'r rhai cyntaf i gyfaddef mai geiriau i'w hosgoi yw ansoddeiriau mewn barddoniaeth fel rheol. Ond dyma fe yma yn ymhyfrydu mewn naw ansoddair yn y paladr yn unig. Mae'n wir bod rhai o ffeministiaid blaenllaw y dydd wedi gwrthdystio'n gyhoeddus yn erbyn yr englyn hwn. Ond ni fu cywirdeb gwleidyddol erioed yn bwysig i Dic ac mae'n debyg y byddai ei englyn poblogaidd i 'Ms', nas ailadroddir yma, yn annerbyniol yn ôl safonau heddiw.

Testun y cywydd oedd 'Parc yr Arfau', hynny yw, hen Barc y Cardiff Arms, cyn dyddiau'r Stadiwm Genedlaethol. Mae'r cwpled:

> Aitsh wen ar ddeupen y ddôl
> A chennin yn ei chanol

yn lleoli'r darlun ac mae'r llinell groes-o-gyswllt, 'Curo Ffrainc a'r refferî', yn dal holl gynnwrf yr achlysur. Ceir y teimlad fod y parc hwn yn fwy na chae rygbi; mae'n faes brwydr ein hunaniaeth fel cenedl.

Er iddo gael ei feithrin ar gaeau pêl-droed, rygbi oedd

gêm genedlaethol Dic erbyn diwedd ei oes. Deallai'r gêm yn ei holl gymhlethdod. Wrth wylio gêm cadwai lygad barcud ar y dyfarnwr gan y gwyddai mai ei ddeongliadau ef a benderfynai'r canlyniad mewn gêm glos. Cyfarwyddai a'r rheolau newydd wrth iddynt gael eu haddasu o flwyddyn i flwyddyn a gallai drafod materion technegol fel aerodeinameg y *torpedo spin kick* gyda'r goreuon. Mynnai mai gwendid mawr rygbi fel gêm, o'i chymharu â phêl-droed, oedd ei hanallu i roi cyfle cyfartal i'r ddau dîm i gystadlu am y bêl rydd. Er i'r Bwrdd Rheoli Rhyngwladol ymdrechu lawer gwaith i fynd i'r afael â'r mater drwy ddeddfu, weithiau o blaid ac weithiau yn erbyn y tîm ymosodol, mae'r broblem sylfaenol yn aros. Teimlai fod yr holl ymyrraeth hwn wedi gorgymhlethu'r gêm gan greu dryswch ym meddyliau'r chwaraewyr a'r gwylwyr; yn ei feddwl clir ef yr oedd rheolau'r gêm bellach yn frith o baradocsau.

Yn ei breim byddai wedi gwneud wythwr ardderchog. Yr oedd ganddo ddwylo anferth i drin y bêl, corff cadarn i yrru ymlaen a thaclo a'r deallusrwydd i ddarllen rhediad y chwarae. Ar ben hynny, byddai ei waith bob dydd ar y fferm wedi ei gadw yn naturiol ffit. Cafodd y genedl awgrym o'i gryfder yn y ffilm a wnaed o deulu'r Hendre ar wyliau yn Ibiza ychydig ar ôl ei fuddugoliaeth yn Aberafan. Mae'r darn hwnnw a saethwyd ohono yn sgio ar y môr tu ôl i gwch cyflym yn dystiolaeth huawdl o gryfder ei freichiau a'i goesau ac o'i gydbwysedd corfforol.

Cerdd o fawl i'r gêm rygbi, ac yn arbennig i'r dewin o faswr, Cliff Morgan, oedd ei awdl genedlaethol gyntaf. Yn ddiweddarach, gweithiodd englyn yr un i'r pymtheg gwron a wisgodd y crys coch ar ôl iddynt ennill un o'r Campau Llawn yn ystod oes aur y saithdegau. Mae'n debyg mai'r englyn i Barry John yw'r mwyaf adnabyddus:

Gŵr di-rwysg, rhedwr ysgon, – un steilus
Â dwylo dal sebon,
Cŵl, gwddyn, ciciwr union,
Boi a'r jawl yw Barry John.

Cwpled arall sy'n dal ar gof y terasau yw esgyll un o'i englynion
coffa i Carwyn James, un arall o'i arwyr:

Yn Salem y gêm a'r gân
Mae'r cof am Gymro cyfan.

Arwr arall o'r saithdegau oedd yr asgellwr Gerald Davies,
a phan oedd ef ar Fwrdd Undeb Rygbi Cymru cafodd Dic
a Siân wahoddiad ganddo i gêm ryngwladol yn Stadiwm y
Mileniwm. Fel mae'n digwydd, Ffrainc oedd y gwrthwynebwyr
y nawn hwnnw hefyd. Bu'n anrhydedd annisgwyl i Dic a
Siân a chawsant brynhawn i'w gofio. Ychydig flynyddoedd
yn ddiweddarach, yr oedd teulu'r Hendre yn gwerthfawrogi
presenoldeb Gerald Davies, y tro hwn, yn y gwasanaeth coffa yn
Aberteifi. Mae'n esiampl wych o un athrylith yn talu teyrnged i
un arall.

Roedd Ray Gravell yn gyfaill ac yr oedd yno yn y parti pan
ddaliwyd Dic yn ddiarwybod ar y rhaglen deledu *Pen-blwydd
Hapus*. Mae'n drueni na chafodd Grav y cyfle i gario'r cleddyf
yn seremonïau'r Orsedd pan oedd Dic yn Archdderwydd.
Byddai wedi golygu cymaint i'r ddau ohonynt.

Yr un oedd Dic yng nghwmni'r cyffredin a'r mawrion. Gŵr
diymhongar ydoedd na fyddai byth yn sôn am ei lwyddiannau
llenyddol nac yn dyfynnu o'i waith ei hun. Ond pan ystyriai fod
llinellau o'i eiddo yn berthnasol i sgwrs neu ddarlith, byddai'n

eu rhagflaenu yn ddieithriad â'r sylw, 'Fel y dywedodd y boi 'na rywbryd.' Ni fyddai byth yn hawlio perchnogaeth o'i berlau.

Er hynny, yr oedd ganddo, fel pob pencampwr, hyder mewnol yn ei allu. Gwyddai ei fod yn ei medru hi ac y gallai wneud tipyn o sioe pe dymunai. Caf fy atgoffa o'r stori am y gohebydd a ofynnodd i Lester Piggott a allai ef nodi'r union eiliad y teimlai fod y ras glòs honno wedi ei hennill. Ateb y joci oedd ei fod yn gwybod y byddai'n fuddugol bythefnos ynghynt. Mae'n stori y gallai'r tad a'r mab, Abba a Dic, uniaethu â hi.

Mae'n bosibl fod yr ysbryd cystadleuol hwn wedi cael ei ddihuno yn y cyfnod a arweiniodd at Eisteddfod Aberteifi yn 1976. Yr oedd swae wedi cyrraedd y Pentre Arms y byddai Alan Llwyd yn ysgubo'r gwobrau yn eisteddfod y Cardis. Gwyddai Dic y gallai golli i ddoniau awenyddol Alan ar nifer fawr o destunau ond yr oedd yn weddol sicr y gallai herio unrhyw un pe câi ganu yn ei faes ei hunan. Cafodd ei destun yn Aberteifi ac ar achlysuron felly byddai'n hoff o ddyfynnu'r golffiwr Americanaidd Sam Snead, 'Who's coming second?'

Llonydded mewn llenyddiaeth

Mae'r ffin rhwng barddoniaeth a rhyddiaith yn denau. Gall darn o ryddiaith gain fod yn gerdd hyfryd; byddai Llyfr Job yn esiampl deilwng o awdur yn llwyddo i gael y geiriau i ganu. Ar y llaw arall ceir nifer o gerddi nad ydynt yn ddim mwy na darn o ryddiaith wedi ei rannu yn nifer o linellau byrion. Yn aml ymddengys fod hyd y llinellau hyn yn hollol fympwyol heb na chymal na thraw cynganeddol nac unrhyw resymeg i'w cynnal; bydd y geiriau yn hongian mewn gwagle heb goma i grisialu'r ystyr nac atalnod llawn i ddechrau na diweddu brawddeg. I rai mae'n bosibl fod siâp y geiriau yn ychwanegu dimensiwn arall at y gwerthfawrogiad drwy apelio at y llygad. Ond i Dic oriel gelf a chrefft oedd y lle mwyaf addas i gyfansoddiadau o'r fath.

Ceir ffin annelwig rhwng y bardd a'r llenor. Er bod cariad at eiriau a'r gallu i'w trin yn tynnu'r ddwy garfan at ei gilydd ac er bod eu doniau'n gorgyffwrdd, nid yw pob llenor yn fardd mwy nag yw pob bardd yn llenor. Gemau gwahanol ydynt ond yr oedd Dic yn medru'r ddwy. Teimlai fod llenydda o ddifrif yn mynnu mwy o amser ac amynedd na barddoni. Yr oedd pen draw i'w gael ar fireinio cerdd ond gallai'r broses o gaboli darn o ryddiaith fod yn ddiddiwedd gan gymaint y posibiliadau; yr oedd y ffiniau yn llawer ehangach. Ac er iddo lygadu testun y Fedal Ryddiaith fwy nag unwaith, mae'n debyg mai prinder amser sbâr ffermwr prysur a'i rhwystrodd rhag cystadlu. Wedi'r cyfan, gallai farddoni wrth wneud ei waith beunyddiol ac mae'n cyfaddef fod traw cyson y peiriant godro yn canu yn ei glust wedi bod o gymorth iddo wrth lunio hir-a-thoddeidiau rhythmig ei ddwy awdl fawr. Byddai angen cadair a bwrdd a darn o bapur arno i lenydda – yn ogystal â sawl prynhawn gwlyb.

Bardd traddodiadol ei fesurau yw Dic yn ei hanfod ond byddai'n arbrofi gyda gwahanol ffurfiau ac wrth ei fodd yn gweithio a gwthio'r ffin rhwng barddoniaeth a rhyddiaith. Gweler y gerdd bos, neu'r gerdd bros hyd yn oed, sy'n codi ei phen direidus rhwng cerddi clasurol *Sgubo'r Storws*:

Yr oedd y mur wedi ei wreiddio am oes, a'i seiliau
i lawr ymhell islaw y wal arall, a giât o goed wedi
ei hongian gan ryw enaid ango i atal y cŵn rhag talu
ceiniog yn y pâm pys, a phwsi drws nesa rhag gwneud
carthffos dros nos yn y fan y safai wynwns ifanc.
    Wele am ddeg Wiliam a ddaeth, ac yn llawn gwin
llawenydd, wrtho'i hun i areithio yno.
    'Wel,' meddai ef, 'I be mae'r wal 'ma dda?' A
heb ddowt byddai hi wedi ateb, onibai ei fod ef yn ei
bop, ac ni sylwodd Wil, canys wal oedd hi.

Er i'r gerdd gael ei gosod ar ffurf tri pharagraff o ryddiaith mae'n llawn trawiadau o amrywiol hyd o gynghanedd gyflawn. Ar un ystyr mae'n enghraifft gynnar o'r stori llên meicro a ddaeth yn boblogaidd iawn yng Nghymru yn ddiweddarach. Tybed a fu Dic yma yn arwain y ffordd i eraill ei ddilyn? Gwyddai fod angen cerddi tafod-yn-y-foch fel hon a'r gerdd ysgafn am hwch Ffynnon-cyff ar y cyfrol. Hwy yw'r gwrthbwynt naturiol i dristwch y cerddi mawr; mae eu hysgafnder hwyliog yn trymhau dwyster 'Miserere' a 'Galarnad'.

Arbrofodd drwy osod cywyddau ar ffurf paragraffau o ryddiaith yn ei golofn yn *Golwg*. Twyllir ni gan y llygad ac mae'n hawdd eu darllen fel darnau o ryddiaith heb glywed islais y gynghanedd yn y cefndir. Bron na ellid dweud ei fod wedi mynd ati yn fwriadol i guddio'r gynghanedd drwy oferu'r ystyr dros y llinellau a gwahanu ambell ansoddair ac enw gyda gorffwysfa gynganeddol. Weithiau, i ddieithrio ymhellach, defnyddir geiryn dibwyslais i gynnal yr odl megis yn y frawddeg gwpledol hon: 'Waeth ni all prin rithyn o sail fod i nonsens Iolo.' Mae'n amlwg i'r glust nad yw'r arddodiad 'o' yn ddigon cryf i gynnal yr odl ac ni fyddai'n defnyddio llinell o'r fath mewn cywydd traddodiadol, ond mewn darn o ryddiaith gellid dadlau ei fod yn talu am ei le gan ychwanegu at y twyll. Byddai'n ddiddorol gwybod rhagor am ei broses o greu cywyddau pros. Ai gweithio cywydd traddodiadol a wnâi gyda'r bwriad wedyn o'i osod allan ar bapur fel darn o ryddiaith, neu a aeth at y dasg fel llenor gan gynganeddu cymalau'r rhyddiaith wrth fynd ymlaen? Gall dadstrwythuro'r darn a'i droi'n ôl yn gywydd traddodiadol brofi'n ymarfer pleserus a buddiol i unrhyw un sy'n ymddiddori yn grefft.

Mae'n debyg mai 'Ynys Breuddwydion' yw'r enwocaf a'r mwyaf nodedig o'r cywyddau hyn. Ar yr ynys hon, o fewn golwg i Efrog Newydd, y gwelodd enw ei ewythr, David Morgan Isaac, o fferm Pen-y-graig wedi ei gofnodi ar y mur anrhydedd ymysg enwau y lleng o fewnfudwyr eraill a ddaeth yno i geisio gwell byd. Ar ôl cyrraedd yr ynys caent eu didoli. Câi'r cryf o gorff fynediad i wlad yr addewidion tra anfonid y rhai musgrell yn ôl adref. Cafodd Dic linell gyntaf ei gerdd ar blât gan yr Ianc nawddoglyd a'i tywysai o gwmpas; 'And this is Ellis Island,' oedd ei gyfarchiad cyntaf. Gwelodd Dic hi fel llinell agoriadol ar gyfer cywydd a'i eiddo ef yw gweddill y gerdd wrth iddi droi'n fyfyrdod ar wir ystyr rhyddid. Yn baradocsaidd, gwobr y rhai a gafodd fynediad oedd cael bod 'yn rhydd i nyddu breuddwyd, yn rhydd i wingo'n ei rwyd'.

Bu Gerallt Lloyd Owen am flynyddoedd yn awyddus i Dic ysgrifennu ei hunangofiant. Fel cyhoeddwr llyfrau a pherchennog Gwasg Gwynedd gwyddai y byddai gwerthiant mawr ar y gyfrol. Yn y diwedd aeth yn fargen rhyngddynt a hynny ryw flwyddyn cyn Eisteddfod Genedlaethol Abertawe. 'Cilmeri' oedd testun yr awdl yno a gwyddai Dic mai Gerallt oedd y bardd i wneud cyfiawnder â'r testun hwnnw. Cytunodd felly i ysgrifennu ei hunangofiant ar yr amod fod Gerallt yn canu cân ei enaid i Gilmeri. Fel y gwyddom, cadwodd Gerallt at ei ochr ef o'r fargen yn ogoneddus yn Abertawe yn 1982. Nid oedd Dic yn un i dorri ei air; felly, rhwng pangiadau o euogrwydd am yr oedi, aeth ati i gyflawni ei dasg yntau. Bu raid i ni a Gerallt ddisgwyl tan 1989 cyn i'r gyfrol ddod o'r wasg, ond bu'n werth aros amdani. Cyhoeddwyd yr hunangofiant, *Os hoffech wybod...*, fel rhan o 'Gyfres y Cewri' gyda'r tri dot ar ôl geiriau ffermwr arall, Alun Mabon, yn benagored o amwys. Flwyddyn ar ôl ei farw aeth y ddwy ferch, Delyth a Rhian, ati i gofnodi hanes yr ugain mlynedd olaf mewn argraffiad newydd o'r hunangofiant gwreiddiol.

Fel rheol brithir hunangofiannau gan ffurfiau person cyntaf y ferf a'r rhagenw personol 'fi' gan droi'n fynych yn gatalog o orchestion y cofnodwr. Nid felly *Os hoffech wybod...* Mae'n anodd meddwl am unrhyw hunangofiant arall a chyn lleied o'r hunan a'r 'fi fawr' ynddo. *Hen Dŷ Fferm*, ac *Yn Chwech ar Hugain Oed* D. J. Williams oedd y patrwm, a phe bawn yn feirniad llenyddol byddwn yn mentro dyrchafu *Os hoffech wybod...* i'r un tir â'r ddau glasur hynny. Mae hunangofiant Dic, fel rhai D. J. Williams, yn gyforiog o straeon am yr hen gymeriadau ac yn gofnod a theyrnged i'r ffordd o fyw a'u creodd. Dim ond trwy ei ymwneud â'r gymdeithas o'i gwmpas y down i adnabod yr awdur.

Gwelir dylanwad DJ ar yr arddull. Mae'r gystrawen gefn gwlad yn gadarn gyda blas y tir coch ar yr ymadroddi. Ymdodda'r tirwedd a'r stori i'w gilydd nes dod yn rhan naturiol o'r mynegiant. Mae'r dweud yn gyfoethog yn ei symlrwydd, yn goeth a darllenadwy heb unrhyw awgrym o orymdrechu stroclyd er mwyn creu sioe ieithyddol. Magwyd Dic ar farddoniaeth Beibl William Morgan fel ag yr oedd cyn dod o'r Cyfieithiad Newydd i ddadgynganeddu'r adnodau a llacio'r gystrawen. Fel un o ddisgyblion T. Llew Jones gresynai weld aberthu ceinder iaith yr hen gywyddwyr ar allor Cymraeg Byw. Yr oedd ffurfiau cwmpasog y ferf yn anathema iddo. Ni welai synnwyr mewn defnyddio rhyw bedwar gair tra bo modd mynegi yr un peth yn llawer hwylusach drwy ddefnyddio ffurfiau cryno'r ferf Gymraeg.

Dilyn ei drwyn o un stori ddifyr i'r llall a wna Dic gan atalnodi'r cyfan gydag ambell gwestiwn treiddgar nad oes disgwyl inni ei ateb. Er enghraifft: 'Ond ym mhle mae cof yn gorffen? Ym mhle, o ran hynny, y mae'n cychwyn?' Ar ôl meddwl, rhyw brofiad go debyg fyddai pob sgwrs gyda Dic. Ni wastraffai fawr ddim amser ar siarad mân; yn fuan iawn troai'r drafodaeth at ryw bynciau lled athronyddol neu ieithyddol a'i diddorai ar y pryd. Bryd arall byddai'n awyddus am ail farn ar ddilysrwydd ambell linell o gynghanedd o'i eiddo a fyddai'n ymestyn ychydig ar ganllawiau John Morris-Jones.

Ychydig iawn o ddyddiadau pendant sydd yn y gyfrol wrth

i'r awdur ein tywys ar y daith drwy fro'r myfyrdod; nid oedd hwyluso gwaith ymchwilwyr y dyfodol yn un o amcanion yr hunangofiannydd. Yn hytrach atgofion gŵr na fu erioed yn cadw dyddiadur sydd yma wrth iddo droedio'r ffin denau rhwng cof a dychymyg. Ac wrth gloi'r gyfrol daw'r athronydd i'r golwg:

> Cof yw dychymyg doe, dychymyg yw cof yfory.
> Rywbryd yn ystod heddiw fe fydd doe yn mynd yn
> yfory, ond y mae Gerallt yn dal i ddisgwyl ...

Trafoder. Yma mae'n ymhél ag un o themâu mawr y ddynoliaeth, sef Amser. Ar ôl myfyrio'n ddwys am y pethau tragwyddol daw â ni yn ôl yn sydyn i'r presennol gan fod Gerallt yn disgwyl y proflenni. Nid oes modd dianc rhag amser ac mae'r tri dot yn awgrymu mai un ddiddiwedd yw'r broses honno.

Mae'n bur sicr mai'r myfyrdod hwn ar sut i gloi'r hunangofiant a esgorodd ar un o hir-a-thoddeidiau mwyaf cofiadwy Dic. Fe'i cyfansoddwyd tua'r un adeg ac fe'i hadroddwyd o flaen y meic mewn talwrn radio o Dan-y-groes:

> Hwnt i ryw ffin nad oes mo'i ddiffinio
> Mae dechrau'n ddarfod, a bod yn beidio.
> Hen ydoedd heddiw yng nghrud ei ddyddio,
> Yn ddiarwybod yn ddoe'r â heibio.
> Mae'n barhaus, y mae'n brysio – yr un pryd.
> Mae oesau'r byd yn yr ennyd honno.

Yn ei sylwadau mynnodd Gerallt, dan deimlad, fod perlau o'r fath yn rhoi bri amhrisiadwy i'r rhaglen ac i'r gyfres.

Yn 1988 gwahoddwyd Dic i gyfrannu ysgrif wythnosol i'r cylchgrawn *Golwg*, ac fe wnaeth hynny yn ddi-dor tan i'r drefn gael ei newid. Ailenwyd ei golofn yn 'Bardd ar y Byd' ac am y chwe blynedd canlynol bu'n cyfrannu cerdd, boed soned, cywydd, englynion neu delyneg, ar gyfer y cylchgrawn o wythnos i wythnos. Nid oes amheuaeth na fu cyfraniadau Dic yn hwb sylweddol i werthiant *Golwg* dros y blynyddoedd.

Yn 2001 cyhoeddwyd pigion o'r golofn mewn cyfrol o'r enw *Golwg Arall* sy'n gasgliad unigryw o gerddi ac ysgrifau. Chwalwyd y ffiniau artiffisial rhwng gwahanol ffurfiau o fynegiant, a theimlai Dic fod y torri tir newydd hwn yn ddatblygiad naturiol gan mai dwy chwaer oedd barddoniaeth a rhyddiaith iddo. Cyhoeddwyd dwy gyfrol arall o gynhyrchion y golofn, sef *Golwg ar Gân* yn 2002 a *Cadw Golwg* yn 2005, ond cyfrolau o gerddi yn unig yw'r rhain.

Yn ei ysgrifau, ymhyfrydai Dic mewn ymhelaethu ar gwestiynau athronyddol fel 'Pa bryd mae ychydig yn mynd yn llawer?' Dro arall bu'n dadlau fod angen dimensiwn rhagor na modfeddi, llathenni a milltiroedd i fesur pellter. Bu wedyn yn gwyntyllu'r gwahaniaeth rhwng 'sain' a 'sŵn', dau air sydd yn medru bod yn gyfystyr yn ôl *Geiriadur Prifysgol Cymru*. Ta beth fo'r pwnc byddai'r drafodaeth yn dreiddgar a difyr. Yr oedd geiriau yn bwysig iddo ac o glywed gair dieithr byddai greddf yr ieithydd ynddo yn mynd ati i'w olrhain yn ôl i'r tarddiad. Yr oedd yn ymwybodol iawn o gyfoeth yr iaith lafar a gofidiai fod cymaint o eiriau yn cael eu colli wrth i natur ein cymdeithas newid; teimlai fod angen eu cofnodi mewn print a rhoi blas o'r dafodiaith leol i weddill y genedl. Ond weithiau câi achos i ddiarhebu Dylan Iorwerth neu Karen Owen yn swyddfa *Golwg* ar ôl darganfod eu bod, heb yn wybod iddo, wedi bod yn golygu'r gwaith gan lastwreiddio'r dweud ac aralleirio ymadroddion lliwgar cefn gwlad.

Cofiaf gymryd rhan mewn talwrn lleol lle'r oedd Dic yn meurynna. Ef a osododd y tasgau a thestun y gân oedd 'Cniff'. Gan nad oedd y gair yng *Ngeiriadur Prifysgol Cymru* nac mewn unrhyw gyfeirlyfr arall, bu raid i aelodau'r pedwar tîm wneud ymholiadau pellach. O dipyn i beth darganfuwyd ei fod yn hen air yn ardal Aber-porth yn golygu 'awydd' neu 'chwant'. O ganlyniad atgyfodwyd y gair gan ychwanegu at y siawns y gall oroesi am genhedlaeth arall.

'Yn y dechreuad yr oedd y gair,' medd Genesis, a mynnai Dic mai geiryn unigol a'i gynodiadau oedd man cychwyn cyfansoddi iddo ef. Fel y nodwyd, teimlai fod yr awdl 'Gwanwyn' wedi tarddu o'r gair 'Erin'. Yr un fyddai'r egwyddor wrth weithio englyn neu delyneg. Gair a'i harweiniai at y broses greu. Wrth fynd ati i fyfyrio ar ei destun gorau i gyd os na fyddai'r union air hwnnw yn ymddangos yn y gerdd orffenedig.

Nid ar chwarae bach mae cynnal colofn wythnosol o ysgrifau dros gyfnod o ddeuddeng mlynedd. Fel y gŵyr colofnwyr rheolaidd mae perygl i'r ffynnon sychu o dro i dro. Rhan o'r ddisgyblaeth oedd fod rhaid mynd ati i ysgrifennu pum can gair bob penwythnos hyd yn oed pan nad oedd gymaint â hynny i'w ddweud. Ond gwyddai fod Dylan Iorwerth yn aros ar ben draw'r lein am y ffacs o'r Hendre a chadwodd Dic at y cytundeb heb fethu unwaith.

Taenai ei rwyd yn eang wrth chwilio am ddeunydd ac os na fyddai dim wedi ei daro yn ystod yr wythnos, gallai fod yn weddol hyderus o loffa rhyw stori ogleisiol allan o'r papurau dydd Sul i brocio'r dychymyg. Ond ar yr adegau pan fyddai wedi colli ffrind neu gydnabod, cymerai fantais o'r golofn i dalu teyrnged i'r ymadawedig. Ar achlysuron felly fe'i cawn ar ei odidocaf. Adlewyrchir hynny gan y ffaith fod deg o'r pum erthygl ar hugain a gynhwyswyd yn *Golwg Arall* yn deyrngedau i rai a'n gadawodd. Un o'r rhain oedd ei deyrnged i Ben a ddaeth i ffermio i Dan-yr-eglwys ar ôl i deulu Dic symud i'r Hendre gerllaw. Llwydda Dic i ddal y cymeriad a'n dal ninnau gyda'i frawddeg gyntaf: 'Jecôs rwy'n credu fyddai'r gair gorau i'w ddisgrifio.'

Mewn paragraff arall mae'r artist geiriau, gyda'i frws cynnil, yn ychwanegu at y darlun o'r gwladwr cysurus:

> Wn i ddim ble'r oedd Ben arni'n wleidyddol, na phle y torrai'i groes ddydd etholiad. Nis holais erioed. Doedd dim angen. Roedd yn rhyddfrydol yn ei ymwneud â phobl eraill, yn geidwadol yn ei addoliad, yn sosialaidd ddi-ddosbarth, ac yn Gymro ym mhopeth.

Trigai Ben mewn byd dedwydd tu hwnt i wleidyddiaeth plaid. Bar Bach y Gogerddan oedd ei senedd lle'r oedd yn aelod anrhydeddus o'r fainc flaen. Yno'n ei sedd arferol rhwng Dan Waun-trefalau a Preis y Baker câi fwynhau ei chwisgi a'i fwgyn ar ôl cwblhau tasgau'r dydd. Mae'n debyg i'r meddyg ei rybuddio unwaith fod yr holl smocio a'r yfed yn ei wenwyno'n araf bach. Yn hollol hamddenol, cydiodd Ben yn yr ymadrodd 'araf bach' gan sicrhau'r meddyg fod popeth yn iawn gan nad oedd arno unrhyw frys i adael y fuchedd hon.

Er gwaetha'r chwisgi a'r tybaco bu Ben fyw i oedran teg o ddeuddeg a phedwar ugain a rhyw ddihoeni yn raddol a wnaeth tua'r diwedd. Ac mae Dic yn cloi ei deyrnged mewn dull annwyl a chwareus y byddai Ben yn ei werthfawrogi trwy ddweud nad marw a wnaeth ond 'mynd i ben'.

Ymysg teyrngedau'r gyfrol ceir perlau eraill megis yr ysgrifau am Gladys a Tom Deiniol. Mae ei adnabyddiaeth o'r cymeriad yn serennu drwy'r dweud bachog. Bu'n cofio hefyd ar dudalennau *Golwg* am y Parchedig James Henry Jones ac, er na chynhwyswyd hon yn y gyfrol, mae'n un o'r clasuron. Jâms Henry, fel y'i hadnabyddid yn lleol, a ddilynodd y Parchedig Tegryn Davies fel gweinidog Biwla a Bryn-Mair gan dreulio'r rhan helaethaf o'i yrfa yn gwasanaethu'r ofalaeth honno. Yn gyhyrog o gorff, llafuriodd yn ddiflino gyda'r gwaith bugeiliol ac ysbrydol o gynnal yr Achos yn yr ardal. Fel un a fagwyd yng nghymdogaeth amaethyddol Bro Hiraethog, yr oedd yr un mor barod i ysgwyddo baich tasgau mwy corfforol ar hyd ffermydd y fro pan fyddai angen.

Nid tasg hawdd oedd dilyn Tegryn Davies ond llwyddodd Jâms Henry i ennill ei blwyf yn syth a hynny yn ei ddull unigryw ei hun. Fel ei ragflaenydd datblygodd i fod yn bresenoldeb ysbrydol i'r gymdogaeth a fodolai y tu hwnt i ffiniau aelodaeth a ffydd; yr oedd y naill fel y llall yn gymeriadau rhy fawr i gyfyngu eu gwasanaeth i aelodau eu capeli yn unig. Cenhadon y priffyrdd a'r caeau oeddynt. Er nad oedd Jâms Henry yn weinidog ar Dic, bu'n ffrind da iddo mewn cyfnodau cythryblus ac yn ysgwydd i bwyso arni adeg colli Esyllt. Nid oes ryfedd i Dic ddweud fod ganddo ormod o barch ato i'w alw'n Barchedig.

Yn 2001 ymddangosodd cyfrol arall o ryddiaith gan Dic a hynny, unwaith eto, ar gais Gerallt Lloyd Owen. Hi yw'r gyntaf o'r gyfres a gyhoeddodd Gwasg Gwynedd am gymeriadau

gwahanol ardaloedd yng Nghymru. Dic gafodd y fraint
a'r cyfrifoldeb o fapio godre Ceredigion. Yn arwyddocaol
cyflwynir y gyfrol 'I'r rheiny sydd, er gwaethaf pob ymgais i'n
gwneud yr un fath, yn mynnu bod yn nhw'u hunain'. Y rhai
hyn, mewn gwirionedd, oedd ei bobl ef. Yn naturiol, mae Emyr
Oernant ynddi. Gallai mabinogi hwnnw lanw cyfrol gyfan
ond y tro yma canolbwyntir ar stori enwog y drudws ac yntau
o flaen ei well, os hynny hefyd. Cynhaliwyd yr achos mewn
llys ac yr oedd y meinciau cyhoeddus yn llawn i wrando ar ei
gefnder dysgedig Arwel Jones yn amddiffyn y drwgweithredwr.
Ni chafwyd y fath achos yn y cwrt yn Aberteifi ers i Abba, tad
Dic, benderfynu amddiffyn ei hun ac ennyn un o benawdau
mwyaf cofiadwy y *Teifi Seid*, sef 'Local choir leader conducts his
own defence'. Ond i ddychwelyd at Emyr, dedfryd ohiriedig a
gafodd y diwrnod hwnnw ac mae'r drudws yn dal i glwydo yng
nghoedydd Oernant.

Mae Ifor Owen Evans yn y gyfrol wrth reswm. Magwyd
Ifor ar aelwyd ei dad-cu a'i fam-gu ac o ganlyniad daeth yr hen
storïau yn rhan o'i gynhysgaeth. Ond yr hyn a ryfeddai Dic
oedd fod Ifor, ar ôl iddo gyrraedd oedran gŵr, yn ailadrodd y
storïau hyn am bobl a oedd wedi hen farw cyn iddo ef gael ei
eni ac am ddigwyddiadau yn dyddio'n ôl i gyfnod ymhell cyn
iddo weld golau dydd, gan wneud hynny fel pe bai wedi bod yn
llygad-dyst i'r holl ddrama. Nid oes ryfedd i Dic fynnu fod Ifor
wedi cael ei eni yn hen.

Ni ddylid anghofio fod Dic yn 1987 wedi ysgrifennu cyfrol
ar y cyd â'r Uwch-arolygydd Roy Davies am hanesion ewythr
i'r heddwas a aeth allan i'r Yukon i chwilio am aur ac am well
byd tua dechrau'r ganrif ddiwethaf. Cafodd y ffoadur mentrus
englyn gan Dic:

Gado'i blwyf a gado'i blant – a hwylio
   Dan g'wilydd ei fethiant
   O ganol seddau'r moliant
   I'r Yukon yn hanner cant.

Mae'r teitl *Aur y Byd* yn gyfoethog ei gyfeiriadaeth ac mae Dic ar y clawr cefn yn barod i gymryd y cyfrifoldeb am yr arddull, ond, pe bai'r ffeithiau yn digwydd bod yn anghywir, dylid beio'r ditectif.

'O ble ma' fe'n dod mas?' oedd y cwestiwn a ofynnwyd pan oedd y Richard Jones ifanc yn ysgrifennu penillion. Ond, os nad oedd bardd yn y teulu, yr oedd llenor, sef ei Wncwl Wyn, brawd ei dad. Yn 1966, blwyddyn Aberafan, cyhoeddwyd cyfrol gyntaf Wyn Jones, sef *Hen Lwybrau a storïau eraill*. Casgliad o straeon byrion ydyw am gymeriadau'r fro, yn y llon a'r lleddf, a'r cyfan wedi ei gofnodi mewn asiad o Gymraeg safonol a thafodiaith gyfoethog y de-orllewin. Dilynwyd hi yn 1979 gan gyfrol arall, *Storom Nos Sadwrn a storïau eraill*, a bu enw ei hawdur ymysg buddugwyr yr Eisteddfod Genedlaethol ar ddeuddeg achlysur rhwng 1966 ac 1982. Enillodd hefyd brif wobrau rhyddiaith eisteddfodau taleithiol Môn, Powys, Dyffryn Conwy, Pontrhydfendigaid a Gŵyl Fawr Aberteifi. Yn ôl y Parchedig D. J. Roberts:

> Ef yn sicr yw llenor tafodiaith ei ardal. Gwrandawodd
> arni o'i febyd yn astud a deallus, cofnododd ei hidiomau
> prydferth a'i phriod-ddulliau gwreiddiol, a phlethodd
> hwy i'r sgwrs a'r ddeialog yn ei storïau.

Gellid dweud yr un peth am ei nai.

Yr oedd ei Wncwl Wyn yn gryn ffefryn gan Dic. Ef fyddai'n ei amddiffyn rhag llach ei dad ar ôl iddo esgeuluso rhai o'i dasgau o amgylch y fferm er mwyn chwarae pêl-droed. Heb amheuaeth, byddai'r ewythr yn cael boddhad wrth ddilyn gorchestion ei nai gan ail-fyw y wefr a gâi yntau gynt ar gaeau chwarae'r dref. Nid oes amheuaeth na fu arddull dafodieithol straeon byrion ei Wncwl Wyn, fel rhai D. J. Williams o'i flaen, yn ddylanwad ar ddatblygiad Dic fel llenor.

Cyfarchodd Dic ei Wncwl Wyn mewn cyfres o englynion ar achlysur ei ymddeoliad fel rheolwr y Co-op yn Aberteifi. Yr oedd trafod pêl a thrin gair yn rhan gynhenid o anian y ddau.

> Diau fod oriau hiraeth – aflonydd
> O'i flaen yn yr arfaeth.
> Ond aeth heibio'r cwrsio caeth –
> Llonydded mewn llenyddiaeth.

Mae'n amlwg fod llenydda yn y gwaed ar ochr ei dad o'r teulu, ac erbyn hyn mae'r ddawn wedi cael ei throsglwyddo i'r genhedlaeth nesaf gan fod Rhian Medi wedi ennill nifer o wobrau yn adrannau rhyddiaith gwahanol eisteddfodau. Yn ogystal â hynny enillodd wobr goffa Allen Raine yn 2008 a 2012. Ar yr ail achlysur cyfansoddodd stori serch, am garwriaeth rhwng y lili wen fach a chlatsh y cŵn. Allan o'r berthynas annhebygol hon y ganwyd y blodyn gyda'r enw hyfryd llygad y sgwarnog, sydd yn dwyn cyfuniad o nodweddion y ddau riant. Swynwyd y beirniad, Emyr Llywelyn, gan ddychymyg ffantasïol Rhian a chan rymuster ei Chymraeg naturiol. Bu ysgrifennu'r stori hon, ryw flwyddyn neu ddwy ar ôl colli ei thad, yn brofiad rhyfedd i Rhian. Drwy gydol y broses greu teimlai bresenoldeb cyson wrth ei phenelin yn cynnig geiriau a chyfeiriad iddi ac yn ei chymell ymlaen. Mae gan Rhian syniad go lew pwy oedd yr anogwr hwnnw.

Yn y gwynt mae clychau gŵyl

Yn ystod yr oesoedd canol mae'n debyg bod sefydliad gan
y Catholigion yng ngwaelod Cwmhowni rhwng yr Hendre
a'r môr. Fe'i lleolwyd ar y safle lle saif Capel Annibynnol
Bryn-Mair heddiw. Fel y gwelir, mae'r enw Mair wedi goroesi
canrifoedd o newidiadau gwleidyddol a diwinyddol gan ddod
yn rhan amlwg o Ymneilltuaeth Gymraeg y fro.

I fyny'r llethr, ar diroedd yr Hendre, ceir olion tŷ cwrdd a
oedd yn fan cyfarfod yng nghyfnod y Diwygiad Methodistaidd
ac mae sôn fod arweinwyr fel Williams Pantycelyn, Howell
Harris a Daniel Rowlands wedi bod yno'n pregethu. Yr adeg
honno byddai'r addolwyr yn cerdded pellteroedd mawr
er mwyn bod yn rhan o'r cyffro. Yn 1904 yng Nghapel
Blaenannerch, lle'r addola teulu Tan-yr-eglwys, y taniwyd
Diwygiad Evan Roberts. Er i rai haneswyr, o bersbectif amser,
ddisgrifio'r achlysur fel 'tân siafins', ni ddylid tanbrisio'r effaith
a gafodd Evan Roberts a'i ddilynwyr ar y pryd.

Tebyg mai ffansi ffôl fyddai ceisio dadlau bod y Catholigion
cynnar na'r Sentars diweddarach wedi cael unrhyw ddylanwad
ar ddaliadau Dic. Ond beth am Evan Roberts? A adawodd ef ei
ôl ar y bardd ifanc?

Bu'r goelcerth a gyneuwyd yng ngorllewin Cymru yn
dipyn o dân ac er i'r fflamau dawelu o fewn blwyddyn bu'r
marwydos yn dal i fudlosgi yn yr ardal am genhedlaeth. Er
gwell, er gwaeth, newidiwyd bywydau nifer o bobl a buont fyw
dan dylanwad yr ysbryd am weddill eu dyddiau. Gan mai pobl

ifainc oedd nifer o'r rhain gellid dadlau bod y sgileffeithiau wedi para tan ganol y ganrif. Byddai'r porthi a'r amenio o'r côr mawr yn ystod y bregeth yn nodwedd ddigon cyffredin ar yr oedfaon yn nyddiau cynnar Dic.

Yr oedd y gweinidog, M. P. Morgan, yn gymeriad pwerus ac yn un o hoelion wyth yr enwad. Bu ei ddylanwad ysbrydol ar yr ardal yn aruthrol gan i'w weinidogaeth ymestyn drwy gyfnod y Diwygiad hyd at ganol y ganrif. Fel y dywedodd Dic:

> Erys pan gilia'r corwynt
> Yr atgo'n gyffro'n y gwynt.

Magwyd Dic yn ystod cyfnod y tair oedfa ar y Sul ac yr oedd ei chwaer hynaf, Rhiannon, yn cofio'r adeg pa fyddai'r ddau ohonynt yn dyfeisio gemau personol er mwyn byrhau ychydig ar y pregethau hirfaith. Er bod ei dair chwaer, Rhiannon, Margaret a Mary, yn dal yn aelodau ffyddlon a gweithgar yng Nghapel Blaenannerch, cilio a wnaeth Dic pan ddarfu cyfnod yr orfodaeth. Er iddo ymwrthod â chrefydd gyfundrefnol, ni throes ei gefn ar yr Achos. Yr oedd y capel yn rhan bwysig o'i fagwraeth a daliai i dalu ei aelodaeth. Yn ei hunangofiant mae'n cyfaddef:

> Ni fûm erioed yn rhyw gapelwr brwd iawn, er bod y ffaith honno drwy drugaredd yn dal i anesmwytho arnaf. Tra pery felly, mae yna obaith o hyd y dof i weld y golau.

Er na chafodd ffydd yr Apostol Paul, yn sicr nid Saul o Darsus mohono chwaith.

Yr oedd yn barod ei bennill pan fyddai'n adeg dathlu yng nghapeli'r fro. 'Dyro iechyd i'r Achos,' myntai wrth ddathlu carreg filltir arbennig ym Mryn-Mair. Bu wedyn yn croesawu Sasiwn y De i Flaenannerch gyda chywydd:

> Lle'r aeth un arall allan
> Onid hawdd yw cynnau tân?

Cyfansoddodd emyn i'w ganu ar dôn John Thomas yn nathliadau canmlwyddiant y Diwygiad. Wele'r pennill olaf:

> Pwy ŵyr na theimlir eto
> Y cyffro fel o'r bla'n,
> A'r bregeth yn troi'n weddi
> A'r weddi yn troi'n gân,
> Pan chwytho 'mrig y morwydd
> Wynt teg yr adfywhad,
> A llaw yr Hollalluog
> Yn ysgwyd eto'r wlad.

Mae angen dyn sydd mewn cymundeb â'i Geidwad i lunio emyn. Cofiwn gyffes yr englynwr toreithiog Gwilym Deudraeth:

> Ond gwn nad wy' digon da
> I wneud emyn hyd yma.

Ond mae'n amlwg fod Dic yn ei medru hi gyda'r gorau.

Canodd lawer i genhadon y Gair. Soniwyd eisoes am y parch a'r edmygedd a oedd ganddo at ddau o weinidogion Bryn-Mair,

sef Tegryn Davies a James Henry Jones. Yn ogystal gweithiodd
gyfres o englynion ar ymddeoliad y Parchedigion Rhys Thomas,
Llechryd, a D. J. Roberts, Aberteifi, y ddau ohonynt wedi bod
yn flaenllaw gyda'r Ŵyl Fawr. D. J. Roberts a ysgrifennodd
y broliant i *Storom Awst*, a ymddangosodd ar ôl storom
Awst Eisteddfod Aberteifi yn 1976 lle cafodd, fel cadeirydd y
Pwyllgor Llên lleol, ei ddal yn y tywydd mawr. Dywaid ar y
clawr, 'Ynddi, fe gawn gynhaeaf Dic Jones ar ei brydferthaf a'i
felysaf.'

Dic hefyd a fu'n croesawu olynydd D. J. Roberts i Gapel
Mair. Wrth iddo gyfarch y Parchedig Ieuan Davies a'i deulu ar
gân, daw ei gydymdeimlad â'r Achos i'r amlwg:

> Gobeithio'r ydym nawr i gyd
> O'u dyfod hwy i'r dre
> Mai aros wnânt yng Nghapel Mair
> Cyn hired â DJ.

Bu'n dymuno'n dda wedyn i'r Parchedig D. J. Evans, Penmorfa
ac i'r annwyl D. Hughes Jones a fu'n 'hwsmon y gwirionedd' yn
yr Hen Gapel yn Aber-porth. Ef a fu'n gweinyddu ym mhriodas
Dic a Siân ac er iddo symud i ardal y Rhyl i weinidogaethu,
byddai Dic yn ei gyfarfod yn weddol reolaidd ar lawr y *Talwrn*.
Un arall o weinidogion y *Talwrn* a gofiwyd ganddo oedd y
Parchedig D. J. Thomas a fu'n gapten ar Dic a thîm Crannog
yn ystod cyfnod y pencampwriaethau. Ni ddylid anghofio Ifor
Owen Evans chwaith, a oedd yn fab i weinidog ac yn bregethwr
cynorthwyol ei hunan, neu ys dywedodd Dic, yn hanner parch.
Ar gais Ifor, Dic a fu'n gwasanaethu yn ei angladd ac mae'r
englyn coffa yn dyst i'w cyfeillgarwch:

Mab parch oedd ef ym mhob peth, – a'i alar
A'i hwyl yn gydgymhleth.
Heb elyn, fe fu'n ddi-feth
Yn bur agos i'w bregeth.

Yn angladd Dic cymerwyd y gwasanaeth gan ddau yr oedd
ganddo barch mawr atynt, sef y Parchedig Irfon Roberts a'r Tad
Cunnane o'r Eglwys Gatholig yn Aberteifi. Mae'r ddau, fel yr
oedd Dic ei hunan, yn adnabod eu pobl – a'u Duw.

O fynd ati i olrhain pererindod ysbrydol Dic, gwelir
dylanwad yr ysgol Sul a'r fagwraeth grefyddol a gafodd yn ei
amlygu ei hunan yn ei gyfrol gyntaf, *Agor Grwn*. Ceir ganddo
bedwar englyn ar ffurf gweddi lle mae'n galw ar Dduw i gofio'r
gwan a'r anghenus. Egwyddorion y Bregeth ar y Mynydd
sydd yma wrth iddo weddïo am heddwch mewn byd sy'n dal i
ddygymod ag erchyllterau dau ryfel byd. Cystrawen a geirfa'r
pulpud sydd ynddi. 'Plyg fi, O Dduw' oedd un o arwyddeiriau
poblogaidd Evan Roberts, ac yn arwyddocaol mae Dic yn
defnyddio ffurf ar yr un ferf wrth ddeisyf ar Dduw i 'blygu'r'
byd i ddweud ei bader. Ceir yma aralleiriad o'r Drydedd Salm ar
Hugain mewn chwe phennill sydd i bob pwrpas y englynion di-
odl. Mae'r grefft yn rhyfeddol gyda'r cynganeddion anymwthgar
yn islais tawel i iaith urddasol yr Esgob William Morgan. Yn
yr un cywair ceir wyth ar hugain o benillion pedair llinell yn
adrodd stori'r Mab Afradlon mewn gwers rydd gynganeddol.
Yn ddiweddarach, yn *Caneuon Cynhaeaf*, cynganeddwyd un
arall o'r salmau ganddo.

Yr oedd Dic, fel gweddill y gymdeithas ar y pryd, yn hyddysg
yn ei Feibl a bu'r addysg grefyddol a gafodd ym Mlaenannerch
yn fodd i gyfoethogi ei arddull a'i eirfa. Y Beibl oedd ei lyfr

gramadeg a chafodd yng nghystrawennau tyn yr adnodau sylfaen gadarn i'w Gymraeg ysgrifenedig yntau. Felly hefyd yn yr emynau. Yn y *Caniedydd* daeth o hyd i'r llinell 'Mae'n tynnu yma i lawr, mae'n codi draw' i gloi'r soned sydd yn ceryddu cymydog capelgar a gymerodd fantais o'r cyfle i wneud punten neu ddwy yn ormod ar ei gefn ddiwrnod mart.

Troi ei olygon tuag at Salem a wnaeth wedyn pan enillodd Gadair yr Urdd yn Llanbedr Pont Steffan yn 1959. Hon yw'r olaf a'r aeddfetaf o gerddi'r Urdd ac ynddi ceir arwyddion pendant o'r awdlau mawr a oedd i ddilyn. Moliant ydyw 'Y Gamp' i Curnow Vosper ac i'r gynulleidfa a addolai yn y capel bach. Dyma'r saint a welodd yn ei blentyndod yn plygu glin ym Mlaenannerch:

> Fe luniodd yn nwyster ei baderau
> Yno ar liain, henwr a'i liwiau
> Yn plygu i'r deri ei weddïau
> Yn ŵyl i addef ei drwm ffaeleddau,
> Tawel ŵr y talarau'n dal yno
> Yn nyth ei ddwylo wlithoedd ei aeliau.

Fel y gwelir, mae'r hirathoddeidiwr yn dechrau cael gafael ar ei fesur. Nid yw'r sylwebydd chwaith, fwy na'r arlunydd, yn ddall i bresenoldeb y Diafol yn siôl barchus Siân Owen.

Mae'r amheuon diwinyddol, er ei waethaf, yn dechrau gafael ynddo erbyn hyn. Gwrandawer ar y gyffes onest hon yn *Caneuon Cynhaeaf*:

> Y mae Rheswm wedi 'nallu
> Rhag im weld yr hyn sy'n glir,

Y mae Gwybod wedi 'nhwyllo
Rhag im gredu'r hyn sy'n wir.
Mae'r hen hiraeth eto'n aros,
A'r hen serch o hyd ynghyn,
Ond mae ffydd hen blant y gorthrwm
Wedi pylu erbyn hyn.

Anghredadun yw fy enw,
Wedi dwlu'n sŵn y ffair,
Nid yw nef ond enw mwyach,
Nid yw uffern ddim ond gair.
Ond pan glywaf hen ganiadau'r
Saint yn crynu yn y gwynt,
Rwyf yn cofio'r etifeddiaeth
Ges i gan fy nhadau gynt.

Rwy'n bodloni ar fy mhorthi
Ar fwynderau hyn o fyd,
Ac yn siarad am ragoriaeth
Maeth amgenach yr un pryd.
Ond mae'r tân sy'n llosgi'n farw
Eto 'nghyn yn llwch y llawr,
Ac yn disgwyl am yr awel
Ddaw i'w chwythu'n goelcerth fawr.

Yn wyneb holl argyfwng ffydd y meddwl modern, mae'r pedair
llinell olaf yn ein dychwelyd at danchwa ysbrydol Evan Roberts
yn 1904.

Yn yr un gyfrol cawn ein tywys unwaith eto ar hyd
llwybrau'r anghredadun:

Mae'n anodd gen i goelio
Heb straenio ystyr ffydd,
Holl hanes y croeshoelio
Ddigwyddodd 'slawer dydd,
Gan amled yw amheuon dysg
Yr holl chwilotwyr sy'n ein mysg.

Er 'mod i'n medru canu
Am loes a marwol glwy',
Mae'n anodd im wahanu
Y goel a'r gredo mwy,
Ac nid oes neb a all yn blaen
Egluro'r myth am dreiglo'r maen.

Ond gwn, er gweld llofruddio
Yr hafau yn eu tro,
A'r eira'n eu gorchuddio
A'r rhew'n eu rhoi dan glo,
Y bydd y blodau yn eu nerth
Ar Sul y Pasg dros Hewl y Berth.

Mae'r athrawiaeth sy'n rhan o'r gân hon yn ein dwyn at ddwy
o'i gerddi mwyaf, sef y ddwy awdl, 'Cynhaeaf' a 'Gwanwyn'.
Nid oes amheuaeth nad oes sylfaen grefyddol i'r ddwy ohonynt.
Yng nghaniad olaf 'Cynhaeaf' gwahoddir ni gan gloch Eglwys
San Cynwyl, ar draws y cwm o'r Hendre, i ddiolch am ein
cynhaliaeth ar ddiwedd tymor:

Eilier mawl Huliwr y maes
Gan y dorf am gnwd irfaes,
A boed hael dan grib y twr
Ei glod ar wefus gwladwr.

Fel gwladwyr eraill yr ardal byddai Dic, er gwaetha'r cilio, yn dal at yr arferiad o dalu teyrnged i'r Huliwr, gydag 'aitsh' fawr, yn yr oedfa ddiolchgarwch dros y blynyddoedd.

Mae 'Gwanwyn' wedyn yn dechrau'n glasurol Feiblaidd gyda chyfeiriad at stori Noa yn yr Hen Destament lle mae'r golomen yn dychwelyd i'r arch gyda deilen yn ei phig:

> O anfon, Glamai, dy fwyn golomen
> Goruwch y dilyw i gyrchu deilen …

Wrth inni fel cenedl golli ein hadnabyddiaeth o'r Beibl, mae'n drist meddwl y gall fod angen troednodiadau ar ddarllenwyr y dyfodol er mwyn deall y gyfeiriadaeth. Mae'r awdl yn gorffen wedyn gyda chyfeiriadaeth Feiblaidd, o'r Testament Newydd y tro hwn:

> Bydd gwanwyn a bydd geni'n dragywydd,
> A'r glaw o'r mynydd yn treiglo'r meini.

Mae'r cyfeiriad at yr Atgyfodiad a'r bedd gwag yn talu am ei le gan y gwyddai Dic fod bywyd yn ei hanfod yn drech na phob marwolaeth. Gwyddai fod gwanwyn yn dilyn gaeaf a bod cylch y rhod yn dal i droi. Yn 'Cynhaeaf' cafwyd caniad i'r Cwrdd Diolchgarwch ac yn 'Gwanwyn' mae defod grefyddol arall, sef y Gymanfa Ganu, yn rhan bwysig o'r gerdd:

> Mae salm iasol i'w miwsig
> Am ddeffro o gyffro gwig
> Gwsg yr Had cysegredig.

Mae'r un gredo yn rhedeg drwy'r alarnad i Esyllt. Ar ôl ei cholli rhoddodd Dic ddyrnaid o'r llwch i'r pedwar plentyn hynaf gan adael iddynt ei wasgaru'n breifat yn y modd a'r man y dymunent er mwyn cofio amdani:

> O dan y blodau heno – mae hen rym
>> Mwyn yr haf yn gweithio,
>> A chysur yn blaguro
>> Lle mae'i lludw'n cadw'r co'.

> Yn nagrau'r gwlith bydd hithau – yn yr haul
>> Wedi'r elom ninnau,
>> Yma'n y pridd mwy'n parhau,
>> A'i blawd yn harddu'r blodau.

Er na ellir gwadu sail Feiblaidd y ddwy awdl, tybed a oes ynddynt olion rhyw hen grefyddau sy'n dipyn hŷn na Christnogaeth? Yr oedd yn ymwybodol iawn fod pwerau ymhell tu hwnt i ddeall dyn ar waith yn y bydysawd. Ai pantheist oedd fel Wordsworth lle mae Duw a natur yn hollgynhwysol? Yr oedd yn sicr yn naturiaethwr wrth reddf ac fel ffermwr byddai'n sylwi'n fanwl ar arwyddion y tywydd a threigl y tymhorau. Yn ei waith beunyddiol byddai'n byw yn agos at y pridd, felly tybed a oedd rhywbeth yn ei anian a'i tynnai at goelion y bobl gyntefig a addolai hen dduwiau'r ddaear a'r elfennau? Mae weithiau fel petai'n hiraethu am y cyfnod cynnar hwnnw 'cyn i Dduw ein cau'n ei ddwrn'.

O droi eto at ei ddwy awdl mae'n werth nodi fod y gair 'haul' yn ymddangos bedair gwaith yr un yn y ddwy. Nid oes amheuaeth nad oedd yr haul yn bresenoldeb pwysig yn ei fydolwg o glos yr Hendre. Mae'n wir fod 'haul' yn air cymharol hawdd ei gynganeddu gan mai dim ond un gytsain syml y mae gofyn am ei hateb. Ond gan mai Dic, un o'n cynganeddwyr gorau, sydd dan sylw, nid yw'r ystyriaeth honno yn berthnasol cans nid cynganeddwr y trawiadau hawdd mohono.

Hyd yn oed yn yr oedfa ddiolchgarwch, mae'r ddwy grefydd fel petaent yn ymdoddi i'w gilydd o fewn cwmpawd un pennill:

> Cywreinied côr nodau cain,
> I'r Iôr eiriau arwyrain,
> A dyger llysiau'r berllan,
> Llawenydd lliw'n hedd y Llan,
> Am fod, uwch yr Henfam fyth,
> Olau'r haul i'r wehelyth.

Sylwer ar holl gynodiadau'r gair 'Henfam' gydag 'aitsh' fawr eto.

Yn yr englynion coffa dathlu oes yr ymadawedig a chofnodi'r diwedd a wna. Nid oes yma ddim sôn am fywyd tragwyddol nac am ailgyfarfod hwnt i'r llen. Mae teimlad cryf fod y bobl hyn, fel Esyllt, yn dal yn rhan o'n tirwedd emosiynol. Weithiau, yn baradocsaidd, mae modd inni fod yn fwy ymwybodol ohonynt ar ôl eu colli gan inni eu cymryd mor ganiataol yn ystod eu hoes. Mynegodd hyn yn yr englynion i'r cymwynaswr tawel, John Gibby:

> Mae ambell un ym mhob llan – yn dawel
> A diwyd ymhobman,
> A'r rhwyg, pan ddaw'r bedd i'w ran,
> Yn fwy nag ef ei hunan.

> O fewn yr encilfannau – y gwenodd
> Ei gannwyll ei golau,
> Heb ei weld gan gewri'r bau
> Hyd nes ei weld yn eisiau.

Ceir yr un gwrthebau pwerus yn ei dri englyn er cof am Lyn, ei frawd yng nghyfraith. Yr oedd yntau yn un o'r 'bonedd anarbennig'. Wele'r olaf o'r tri:

> Dirybudd, diarwybod, – o'n golwg
> Fe giliodd o'r cysgod
> I'r glyn, a'r un mor ddi-glod
> Oedd ei yrfa a'i i ddarfod.

Edrychwn wedyn ar englynion ei gardiau Nadolig. Mae'n rhyfeddod, o gofio ei fod wedi bod wrthi am dros hanner canrif, ei fod yn darganfod ffordd newydd a ffres i ddathlu'r hen wirionedd yn flynyddol. Wedi'r cyfan, mae'n rhaid fod pen draw ar gynganeddu geiriau megis 'saer' a 'seren'. Amrywient yn eu naws a'u diwinyddiaeth yn ôl ei hwyl ar y pryd. Weithiau, fe'u gwreiddiwyd yn gadarn yn neges stori'r Geni:

> Er i sawl Herod godi – rhyw helynt
> Creulon eto 'leni,
> Llawenhawn, 'waeth ein lle ni
> Yw ordeinio'r daioni.

Wele englyn dadlennol arall:

> Deued Seren llawenydd – â ni bawb
> At y Baban newydd
> A thro'r rhod i addo dydd
> Torri'r gaeaf tragywydd.

Yn ddiwinyddol mae fel petai'r englyn yn gêm o ddau hanner. Mae'r paladr, gyda'r Seren a'r Baban yn eu priflythrennau yn

creu naws Feiblaidd, Nadoligaidd a thraddodiadol, tra bo'r
esgyll yn mynd â ni yn ôl at natur ac at athrawiaeth fwy cyntefig
sy'n rhan annatod o 'Cynhaeaf' a 'Gwanwyn'.

Yn rhiant, byddai'n ymwybodol o swyn y Nadolig i blant
bychain, boed y rheiny yn bedair neu yn bedwar ugain oed.
Yma mae'n mynd i ysbryd yr ŵyl:

> Y clych yn galw'n uchel, – a hogyn
>   Yn agor ei barsel
>   A nodyn hud y Noël
>   Yn y rhew ar yr awel.

Bryd arall y sinig sy'n siarad lle personolir yr ŵyl fasnachol
fel rhyw Siôn Corn haelfrydig sy'n rhannu ei bresantau i blant
dynion. Ond mae naws y llinell glo yn delynegol. Mae'r plentyn
ar y ben-glin, wrth gwrs, yn credu yn Santa, ond a oes yma
awgrym cynnil fod y bardd ei hunan, fel oedolyn, yn dymuno
bod yn grediniwr? Pwy a ŵyr?

> Daw a'i wisgers i Desgo – a'i gannoedd
>   Teganau i'r groto,
>   Ac ar ei lin ermin o
>   Un galon sy'n ei goelio.

Ac i orffen, beth am yr englyn cellweirus a luniwyd yn fuan ar
ôl iddo gael un o'i gluniau newydd:

> Mae'r hen gelynnen ar lan – ac aelwyd
>   Eto'n gwlwm cyfan,
>   Mae hwyl carolau 'mhob man
>   A sŵn *crutches* yn cretsian.

Y llinell olaf, heb amheuaeth, a ddaeth gyntaf, ac o gofio
am ei bedair clun newydd nid oes ryfedd i Ifor Owen Evans
awgrymu yn un o'i ganeuon y byddai Dic werth cryn dipyn o
arian fel sgrap. Yr oedd llunio englynion Nadoligaidd yn rhan
draddodiadol o'r ŵyl, ond mae'n werth nodi mai ychydig iawn
ohonynt, waeth beth fo'u naws, a welodd olau dydd yn un o'i
gyfrolau barddoniaeth.

Cerddi eraill nas cyhoeddwyd ganddo oedd y casgliad
o ganeuon o dan y teitl 'Pelydrau' a gomisiynwyd gan
Lenyddiaeth Cymru er mwyn dathlu'r amrywiaeth o
grefyddau a fodolai mewn dinas mor amlhiliol â Chaerdydd.
Canodd gerddi Cymraeg a Saesneg i Gristnogaeth, Siciaeth,
Iddewiaeth, Bwdaeth, Hindŵaeth ac i ffydd y Baha'i. Cafodd
y fersiynau Saesneg eu cyfieithu i ieithoedd brodorol y
gwahanol grefyddau a chyflwynwyd hwy i'r ffyddloniaid
mewn seremoni ym Mae Caerdydd. Clymir cerddi unigol
y dilyniant gan y syniad bod goleulong allan yn y bae yn
llewyrchu ei golau er mwyn cynnau canhwyllau'r credoau i
gyd.

Apeliodd y prosiect at Dic a chafodd gyfle o'r newydd i
fyfyrio ar ystyr cred:

> Pan gododd haul ar fore bach y byd,
> Cyn geni sant na phroffwyd, pwy a ddwed
> Gan bwy, ac i ba ddiben, a pha bryd
> Y dodwyd yn ein henaid hedyn Cred?
> Y grym anorthrech a roes faen ar faen
> Mewn pyramid, pagoda, llan a mosg,
> A thaenu chwedl a chân a chelf ar daen
> I dorri rhywfaint ar ein syched llosg.

O ble y daeth ellyllon yr Un Drwg
Ac ofergoelion pitw ofnau'r cnawd
I gynnig ein hymwared rhag eu gwg
Neu geisio prynu weithiau wenau ffawd
A'n rhoi'n y dafol rhwng y Nef a'r Fall
I ryw bendilio rhwng y naill a'r llall?

Unwaith eto mae'r haul yn rhan o'r dechreuad.

Golygodd y comisiwn hwn gryn dipyn o waith ymchwil iddo ac yr oedd wrth ei fodd â'r syniad fod Yahweh, un o dduwiau'r Israeliaid, yn rhy sanctaidd i'w fynegi ar dafodau dynion; nid oedd yn briodol cynnwys yr enw yn y gerdd gan ei fod yn hanfod uwchlaw geiriau.

Elfen arall a'i trawodd oedd fod cymaint o dir cyffredin rhwng y gwahanol gredoau; chwilio a chyhoeddi'r gwirionedd fel y'i gwelent oedd eu nod hwy oll. Nid oes ryfedd iddo, felly, wrth annerch yr Anwybod Mawr, holi, 'Ai Ti yw Crist y Koran?' Mae'n gwestiwn mawr a fu'n poeni diwinyddion a gwleidyddion yr oesoedd.

Pan osodwyd 'Penbleth' yn destun cân yn ymryson Eisteddfod Rhys Thomas James, Llanbed, aeth Dic ati i ystyried methiant oesol gwyddoniaeth ac athroniaeth i roi esboniad credadwy o'n genesis. Cerdd ysgafn, hwyliog yw hi ar gyfer difyrrwch ffyddloniaid y Babell Lên, ond, ar ôl i'r chwerthin dewi, synhwyrai'r gynulleidfa fod meddyliwr go arbennig yn llechu tu ôl i'r arabedd. Llwyddodd i dorri twll go sylweddol yn namcaniaethau'r 'Big Bang' a'r 'Black Hole':

Ond dim yw dim ontefe, o leia mae hynny'n ffaith,
Ac os nad oedd dim i ddechre doedd dim twll yn dim
ychwaith.

Wedyn mae'n troi yn ôl at Ardd Eden er mwyn dangos anferthedd y broblem:

> Ac am Fred Hoyle a Hawking a'u gwyddonol rigmarol,
> Pan ffindian nhw fogel Adda, fe ffindian nhw'r *Black Hole*.

'Yn y dechreuad yr oedd y Gair,' medd Genesis, ac efallai mai yn llyfr cynta'r Beibl wedi'r cwbl y mae Dic yn canfod yr atebion diwinyddol ac athronyddol i'r broblem, boed 'eg' fach neu 'EG' fawr i'r gair hwnnw.

Tua'r un amser daeth ar draws cyfieithiad Saesneg o weddi briodas yn iaith yr Apache. Apeliodd ei didwylledd cyntefig ato yn syth ac aeth ati i'w haddasu i'r Gymraeg. Er na chafodd ei chynnwys yn un o'i saith llyfr barddoniaeth nac, oherwydd hynny, yn netholiad Ceri Wyn Jones, enillodd ei lle yn fuan fel un o'i gerddi mwyaf poblogaidd. Erbyn hyn gellir dod o hyd iddi yn *Yr Un Hwyl a'r Un Wylo* ac ar y we ac fe'i defnyddir yn gyson fel darlleniad ym mhriodasau cyplau sy'n dymuno cael seremoni seciwlar. Fe'i hadroddwyd gan ei ferch, Delyth Wyn, yn y cwrdd coffa yng Nghapel y Tabernacl yn Aberteifi:

> Boed i chwi egni newydd
> Bob dydd yng ngwres yr haul,
> A thyner olau'r lleuad
> Liw nos i fwrw'r draul.
> A golched cynnes gawod law
> I ffwrdd eich gofid a phob braw.
>
> Chwythed awelon ysgafn
> I adnewyddu'ch nerth
> Ac na foed i chwi lithro
> Lle byddo'r llwybrau'n serth.

Boed i chwi'n ysgafn droedio'r byd
Gan roi i'r ddaear barch o hyd.

Corwynt na thywydd garw
Eich taro mwy ni all
Tra boch yng nghwmni'ch gilydd
Yn gysgod y naill i'r llall,
A phan fo'r llwydrew'n cwympo'r mes
Fe rydd y naill i'r llall ei wres.

Dwy galon, un dyhead,
Dwy dafod ond un iaith,
Dwy raff yn cydio'n ddolen,
Dau enaid ond un daith.
Fe fydd cwmnïaeth yn parhau,
Nid oes unigrwydd lle bod dau.

Rhagoch i'ch pabell bellach
I gadw'r tân ynghyn,
Y drws i bawb ar agor
A'r holl linynnau'n dynn.
Doed eich breuddwydion oll yn wir,
Boed fyr eich llid a'ch cof yn hir.

Yn y gerdd hon mae fel petai wedi dod o hyd i gredo y gallai ei
choleddu yn gysurus yng nghysgod tipis yr Hendre. Mae'r ddau
bennill cyntaf yn talu gwrogaeth i elfennau natur a oedd mor
agos at galon y gwladwr. Unwaith eto, yr haul sydd yn cael y
lle blaenaf. Mae'r gweddill yn dymuno'n dda i'r pâr ifanc wrth
iddynt ddechrau byw, sefydlu aelwyd a magu teulu yn union fel
y gwnaeth ef a Siân yn yr Hendre.

Fry yn feddw ar wifren fain

Cofia Ifor Owen Evans deithio yn gwmni i Dic i ryw achlysur neu'i gilydd ym myd y cyfryngau yng Nghaerdydd. Yng nghyffiniau Port Talbot gofynnodd Ifor i'w gyfaill paham na fyddai'n troi cefn ar waith caled y fferm er mwyn bod yn ddarlledwr amser llawn. Teimlai Ifor fod porfeydd brasach na'r Hendre a bywoliaeth dipyn mwy cysurus yn ei aros ar wastadeddau ffrwythlon Llandaf a Phontcanna. Ni ddywedodd Dic fawr ddim ar y pryd wrth yrru ymlaen tuag at y digwyddiad.

Y noson honno cafodd Ifor amser digon anghysurus ar y cyrion yng nghwmni selébs a lyfis y cyfryngau. Er na thrafodwyd hynny ganddynt mae'n rhaid mai'r un oedd profiad Dic cans ar y ffordd yn ôl tua'r gorllewin, yng nghyffiniau Port Talbot, atebodd Dic gwestiwn Ifor, a hynny yn yr union fan y cafodd ei holi rai oriau ynghynt. Torrodd Dic ar y distawrwydd drwy holi cwestiwn ar ben y cwestiwn gwreiddiol, 'Pam wyt ti'n fy hwtro i at y bobol *yna* 'te?'

Mae'n wir nad oedd gan Dic lawer i'w ddweud wrth y cyfryngau yn gyffredinol. Mynnai mai twyll oedd pob teledu a hynny ar sail yr oriau niferus a dreuliodd y tu ôl, yn hytrach nag o flaen, y camera mewn stiwdios yn paratoi defnydd ar gyfer ei ddarlledu. Sylwodd ar y gofal a gymerir gan gynhyrchwyr i deilwrio'r syniadaeth er mwyn cyfleu eu fersiwn hwy o'r gwirionedd i gynulleidfa hygoelus.

Mae'r un mor wir dweud ei fod yn deall posibiliadau a

grym y cyfrwng ac yn abl i ddefnyddio tonfeddi'r awyr yn
effeithiol a phwrpasol o'r herwydd. Yr oedd yn gyfathrebwr
naturiol a fyddai'n siarad lygad yn llygad â'i gynulleidfa, boed
yn unigolyn mewn mart neu'n gamera mewn stiwdio. Byddai
ganddo rywbeth gwerth ei ddweud yn ddieithriad. Felly, yn
hollol baradocsaidd, datblygodd y berthynas ymddangosiadol
anghymharus hon i fod yn bartneriaeth gadarn, barhaus. Bu
cyfnod o gyd-fyw dros hanner canrif yn brofiad bendithiol i'r
ddwy ochr fel ei gilydd.

Sylweddolodd penaethiaid y teledu fod cryn dipyn o *X-factor*
yn perthyn i'r gŵr ifanc, cyhyrog a enillodd galon y genedl
yn Aberafan yn 1966. Yr oedd ef a'i briod yn bâr deniadol a
allai fod wedi harddu tudalen flaen rhai o gylchgronau sglein y
cyfnod. Yn fuan ar ôl hynny cafodd y teulu gynnig wythnos o
wyliau yn Ibiza gan gwmni teledu ar yr amod fod criw camera
yn cael eu dilyn er mwyn cofnodi'r hwyl mewn rhaglen deledu.
Mae'n enghraifft gynnar yn y Gymraeg o'r hyn a ddatblygodd
yn ddiweddarach i fod yn deledu realaeth. Yr oedd yn gynnig
rhy dda i'w wrthod i bâr na fu dramor, a buont yn ddigon
ffodus i gael mwynhau'r pedwar diwrnod cyntaf heb gamera
yn agos atynt gan fod nam technegol ar gyfarpar y criw ffilmio.
Er hynny, mae'r wythnos yn Ibiza yn fan cychwyn ar y broses
gyfryngol a allai fod wedi troi Dic, y gwladwr diymhongar, yn
seléb cenedlaethol. Ond trwy drugaredd ni lwyddodd sylw'r
camerâu i newid ei gymeriad.

Ond er nad oedd gan Dic ormod o olwg ar y cyfryngau yn
gyffredinol, yr oedd ganddo ffrindiau da o fewn y diwydiant
fel y ddau frawd; John Hefin a Geraint Evans. Ymestynnai
eu cyfeillgarwch yn ôl i'r cyfnodau a dreuliodd Dic yn ardal
Llangynfelyn yn blentyn. Bu Geraint yn gweithio gydag ef

ar y gyfres deledu *Dal i Hau*, a deithiai Gymru gan ymweld â mannau mor amrywiol a'r Eisteddfod Genedlaethol a phentref ffug y gorllewin gwyllt yn y Rhondda, ac yr oedd y gardigan goch a wisgodd Dic ar gyfer pob rhaglen yn rhoi sefydlogrwydd i'r gyfres.

Cydweithiodd y ddau ar nifer o raglenni unigol. Un o'r rheiny oedd y telediad byw o dreialon cŵn defaid yn y Bala o dan ofal Onllwyn Brace. Yr oedd Geraint wedi awgrymu enw Dic fel sylwebydd gan y gwyddai ei fod yn adnabod ei gŵn, ei ddefaid a'i bobl ac ar ben hynny, gwyddai y gallai ar fyr rybudd weithio englyn i gyfarch yr enillydd, pwy bynnag y bo. Cytunodd Onllwyn Brace yn llawen gan wybod y byddai cyffyrddiadau felly yn rhoi sglein ychwanegol i'r rhaglen.

Ar ddydd y telediad y drefn oedd fod Onllwyn o'r golwg yn cydlynu a Geraint yn cadw cwmni i Dic yn y blwch sylwebu gyda chyrn am ei glustiau i wrando ar gyfarwyddiadau'r cydlynydd. Pan ddaeth y cystadleuydd cyntaf â'i gi i'r man cychwyn, cyhoeddodd Dic yn glir ac yn gryno i'r gwylwyr, 'Dyma Gwilym Jones a'i gi, Don,' gan roi ei feic i lawr er mwyn gadael i'r dyn a Don fynd drwy eu pethau mewn tawelwch. Nid oedd Dic, mwy na'r sylwebydd criced enwog, Richie Benaud, yn ŵr i afradu geiriau o flaen y meic, a chan mai rhaglen deledu oedd hi teimlai Dic ei bod yn briodol gadael i'r lluniau siarad wrth i'r ci dywys y defaid drwy'r iet gyntaf yn llwyddiannus ac yna ar draws y cae yn hamddenol tua'r glwyd nesaf. Erbyn hyn yr oedd y cydlynydd yn dechrau aflonyddu ac yn bytheirio yng nghlustiau Geraint, 'Odi e yn mynd i ddweud rhywbeth?' Ar yr union foment honno aflonyddodd y defaid hefyd ac wrth i dair dafad dorri allan o'r pac, aeth y ci fel bwled ar eu hôl gan gynhyrfu'r gweddill yn llwyr. Yng nghanol yr holl gythrwfl,

cododd Dic ei feic yn hamddenol gan ddywedyd, 'Arafa Don.'
Mewn dau air yr oedd wedi cyfiawnhau ei ffi.

Ar achlysur ei ymddeoliad o'r Gorfforaeth derbyniodd
Onllwyn Brace gân oddi wrth Dic ac mae'r cwpled clo yn
nodweddiadol o'i ddawn i chwarae gyda geiriau:

Mae bellach wedi cau y ces
Ac aeth y Bîb yn brin o Brace.

A thra ein bod yn troi yng nghwmni cewri'r bêl hirgron, mae'n
werth cofio mai Geraint Evans a gafodd y weledigaeth o alw Dic
i mewn i'r stiwdio, ar achlysur tipyn tristach, i dalu teyrnged i'r
annwyl Ray Gravell ar ddiwrnod yr angladd. Yn ystod y rhaglen
dyfynnodd Dic, yn bwrpasol iawn, eiriau Crwys:

Rhowch i mi'r cynhebrwng gwledig,
Pawb a allo ddod ynghyd,
Heol gyfan iddo'i hunan
A'r diwrnod ar ei hyd.

Un o raglenni teledu mwyaf cofiadwy Dic oedd *Dalen a Dail*
a ffilmiwyd gan gwmni Telstar yn 1994 gyda Wyn Thomas yn
cyfarwyddo. Nod y rhaglen oedd ailgysylltu Dic â'r Almaenwr
ifanc Josef Kramer, carcharor rhyfel a fu'n gweithio ac yn
lletya ar fferm Tan-yr-eglwys, cyn dychwelyd i'w famwlad yn
1948. Yn ystod y cyfnod hwn daeth y ddau yn ffrindiau agos
ac er i'r ddolen gael ei thorri, daliai'r enw a'r atgofion yn rhai
melys. Un o themâu'r rhaglen oedd fod patrymau bywyd yn
gylchoedd a bod pob newid yn y diwedd yn ein harwain yn
ôl i'r man cychwyn. Yn anffodus, wrth gwblhau'r trefniadau
am y daith, daeth y newydd fod Josef Kramer wedi marw

ychydig cyn hynny ond penderfynwyd parhau â'r rhaglen gyda
Dic yn cyfarfod â'i weddw, Berta, ar ei fferm fechan yn ardal
goediog Oberharmersbach. Yr oedd y cyfarfod rhyngddynt yn
uchafbwynt teilwng i'r rhaglen ac er na siaradai'r naill iaith y
llall, deallent ei gilydd i'r dim. Dwy iaith ond un testun oedd hi
wrth i'r camera a'r galon bontio hanner canrif o gyfeillgarwch
digyswllt rhwng dau ffrind o'r naill ochr i dir neb yr Ail
Ryfel Byd. Mae'r olygfa hon yn dangos fod cariad dyn at ei
gyd-ddyn yn drech yn y pen draw na holl rym militaraidd y
gwladwriaethau mawr. Yn gefndir i'r cyfan gwelwn y dail yn
cwympo ar lethrau'r Goedwig Ddu wrth i'r bardd ein hatgoffa
y bydd y coed, fel yr Hen Allt yng nghanu Waldo, yn ailflaguro
am fod ganddi ffydd nas trechir yn naioni dynol ryw:

> Rhy hwyr, rhy hwyr yw hiraeth
> I atal brenin braw,
> Ond beth yw maint ei orchest
> Os cydiwyd llaw am law?

> A beth yw'n ffwdan pitw
> A'n mân ryfeloedd ni
> Wrth fforest pob dirgelion
> A'i hoesoesoldeb hi?

> Er bod ei dwfn ddistawrwydd
> Mor llafar ag erioed,
> Mae cyfrinachau'r oesoedd
> Yn ddiogel gan y coed.

Gyda stori bersonol Josef Kramer yn rhoi sail gadarn i'r rhaglen,
cymerwyd mantais o'r cyfle i geisio deall sut roedd yr Almaen

wedi dygymod â'i hanes erchyll yn ystod yr ugeinfed ganrif. Cawsom gip ar ddinasoedd Freiberg a Stuttgart ac ar ddeuoliaeth ranedig Berlin gyda'i chomiwnyddiaeth a'i chyfalafiaeth, ei Lenin a'i Choca Cola.

Bu Dic yn holi Manfred Rommel, mab y cadfridog rhyfel, a oedd yr adeg honno yn Faer Stuttgart, roedd hefyd yn fardd. Bu'n siarad wedyn â'r Athro Herbert Pilch, academydd â chanddo ddiddordeb yn yr ieithoedd Celtaidd ac a fu ar un adeg yn aelod o fyddin Hitler. Yn ogystal, cafodd gyfweliad Cymraeg â Sabine Heinz, sydd yn enedigol o Ddwyrain Berlin ac a fu am gyfnod yn ddarlithydd yng Ngholeg Prifysgol Dewi Sant yn Llanbedr Pont Steffan. Cymerwyd y cyfle i ymweld ag Obernkirchen, tref y côr hwnnw a welwyd ar lwyfan gŵyl Llangollen yn 1953 fel symbol o gymod wedi'r rhyfel. Clywyd y merched yn ei ffaldarïo hi i'n calonnau a chafwyd, ddeugain mlynedd yn ddiweddarach, gyfweliad gyda rhai o'r aelodau gwreiddiol. Nid oes amheuaeth nad oedd hon yn berl o raglen ac mae'n esiampl wych o'r safonau uchel y gellir eu cyrraedd pan fo cyfarwyddwr, bardd o gyflwynydd a gŵr camera yn gweithio ar yr un donfedd.

Erbyn hyn yr oedd Dic yn dechrau cynhesu at y cyfrwng fel ffurf mynegiant ac yn ymwybodol o bosibiliadau pellgyrhaeddol y camera a'r meic. Wedi'r cyfan, os twyll oedd teledu, onid oedd elfen o dwyll mewn llenyddiaeth hefyd? Yr un yw'r sialensau sy'n wynebu'r cynhyrchydd a'r bardd gan mai nod y ddau ohonynt fel ei gilydd yw cyflwyno'u gweledigaeth yn delynegol gofiadwy. Y cyfuniad deinamig hwn o'r gwahanol sgiliau celfyddydol yw man cychwyn yr hyn a ddisgrifiwyd gan y diweddar Gwyn Thomas fel 'Llunydiaeth'.

Nid oes ryfedd felly fod Brychan, fel mab i'w dad, yr un mor ymwybodol o rym y camera a'r gair. Pan oedd yn gweithio i

Tinopolis enillodd gytundeb i gyfarwyddo dwy gyfres ar gyfer y sgrin fach, un ohonynt am y tipis a'r llall am farchogaeth ceffylau. Gan fod y pynciau hyn yn agos at galon y ddau ohonynt, bu Brychan yn pwyso tipyn ar arbenigedd ei dad wrth baratoi'r rhaglenni.

Pan ddaeth hi'n fater o brynu ceffyl ar gyfer y rhaglen aeth Dic gyda Brychan a Dai Jones, un o fawrion camp y pwynt-i-bwynt, i arwerthiant yn Ascot. Rhyfeddwyd Brychan y diwrnod hwnnw fod gan ei dad gystal llygad am geffyl; gwyddai'n gywir beth i edrych amdano a bu'r drafodaeth rhyngddo ef a Dai Jones am rinweddau a ffaeleddau'r gwahanol geffylau yn addysg bur i'r mab. Er nad oedd Dic, yn ôl pob golwg, wedi dangos fawr o ddiddordeb mewn ceffylau cyn hynny, yr oedd dyfnder gwybodaeth Abba yno'n rhan o'i gynhysgaeth.

Câi Dic ei alw yn bur aml i drafod amrywiaeth o bynciau ar y teledu. Cyflwynodd fwy nag un cyfres o eitemau ar *Prynhawn Da* a bu'n ymwelydd achlysurol â stiwdio *Heno*. O bryd i'w gilydd, câi wahoddiad i ymddangos ar ambell i sioe siarad ac ar baneli rhaglenni pynciau llosg fel *Pawb a'i Farn*. Bu'n gyfrannwr cyson o Faes yr Eisteddfod ac o Gaeau'r Sioe ac fel bardd-amaethwr bu'n wrthrych nifer o raglenni nodwedd, yn y Gymraeg a'r Saesneg.

Cyfrannodd i nifer o raglenni ysgafn megis *Caryl* a *Ma' Ifan 'Ma* ac yr oedd yn ddigon parod pe bai angen chwarae'r clown. Fel y dywedodd mewn englyn dadlennol:

> Fry yn feddw ar wifren fain – y llinell
> Sydd rhwng llon a llefain,
> Ei wên drist a'i wallt llwyn drain
> Yw ein hwyneb ni'n hunain.

A throi at y sgrin fawr, fe'i dewiswyd gan Marc Evans i fod yn un o'r criw dethol o feirdd yn y ffilm *Dal: Yma/Nawr* sydd yn mapio trywydd yr awen Gymraeg dros gyfnod o ddau fileniwm. Mae'r gwaith camera yn syfrdanol wrth i'r lleisiau a'r lliwiau ymdoddi mewn un panorama gogoneddus. Myn teulu'r Hendre mai Ffan yw gwir seren y ffilm honno; mae'n ymddangos yn gyson ynddi ac yn hollol gysurus o flaen y camera wrth droed ei meistr.

Byddai Dic bob amser yn ceisio dal ei gynulleidfa gyda'i lygad. Ni fyddai ganddo byth nodyn o'i flaen pan âi allan i siarad neu ddarlithio i wahanol gymdeithasau. Beth bynnag ei bwnc byddai bob amser yn llefaru o'r frest. Pwy all anghofio ei ddynwarediad o 'Nwncwl Jâms yn methu saethu'r sgwarnog' D. J. Williams mewn eisteddfod a chyngerdd?

Yn yr un modd wrth draddodi ei feirniadaeth o lwyfan yr Eisteddfod Genedlaethol, fel Gwyndaf a Syr T. H. Parry-Williams, ni fyddai angen nodiadau arno. Pan ofynnwyd iddo beth a wnâi pe bai'n anghofio, ei ateb ffraeth oedd na fyddai neb yn sylwi gan na fyddai neb arall yn gwybod beth a fyddai wedi bwriadu ei ddweud. Pan ofynnwyd iddo ymhellach am ei ymateb pe bai digwydd iddo anghofio un o ddyfyniadau'r cystadleuwyr, atebodd y byddai raid iddo ail-greu'r dyfyniad hwnnw yn y fan a'r lle. Dyna fesur o'i hyder o flaen y gynulleidfa.

Cyflawnodd Dic y gamp hon bob tro y bu'n traddodi o'r llwyfan. Erbyn 2006 gwyddwn fod cyfarpar *autocue* wedi ei ddarparu ar gyfer y beirniaid fel y gallent ddarllen eu sgript a rhoi'r argraff i'r gynulleidfa eu bod yn siarad o'r frest ar yr un pryd. Bûm yn ddigon hyf i awgrymu wrth Dic y byddai hyn yn lleihau'r pwysau arno gan na fyddai arno angen dysgu'r feirniadaeth. Ni ddywedodd fawr ar y pryd. Ar y diwedd, wedi iddo draddodi yn feistrolgar fel arfer, gofynnais iddo am hanes yr *autocue*. Ei ateb dadlennol oedd, 'Welais i ddim ohono.'

Fel un o'i gyd-feirniaid, gwahoddwyd Ceri Wyn i'r llwyfan ac o'r lle yr eisteddai gallai weld yr *autocue* wrth i Dic ddechrau traddodi. Yn sydyn diffoddodd y sgrin ac yr oedd Ceri yn gofidio'n wirioneddol am sefyllfa Dic. Ond aeth Dic ymlaen gan godi hwyl fel petai dim wedi digwydd. Mwy na thebyg iddo roi ei feirniadaeth i mewn i Swyddfa'r Eisteddfod ryw bythefnos ymlaen llaw yn ôl y gofyn fel bod digon o amser ganddynt i'w throsglwyddo i'r system. Yn y cyfamser byddai Dic wedi ailwampio tipyn arni a hynny heb roi gwybod i'r awdurdodau. Gan nad oedd bellach unrhyw berthynas rhwng y geiriau a draddodid o'r llwyfan a'r hyn a ymddangosai ar y sgrin, teimlai'r wraig a lywiai'r sgript mai'r peth callaf i'w wneud oedd rhoi'r gorau i'r ymdrech i'w cyfuno a chau'r peiriant. Pan ofynnodd Ceri Wyn i Dic yn ddiweddarach ynglŷn â beth a aeth o le, ei ateb seithsill oedd, '*Autocue* yn *all-to-cock*.'

Yr oedd Dic bob amser yn barod ei ateb, ond fe'i trawyd yntau'n fud am ennyd pan ddaeth Arfon Haines Davies un tro o nunlle a meic yn ei law i ddymuno 'Pen-blwydd Hapus' iddo. Bu'r trafodaethau ar gyfer y rhaglen yn berwi am fisoedd cyn y diwrnod mawr gyda phawb yn y cyffiniau yn ymwybodol o'r cynllun a oedd ar droed. Pawb heblaw am Dic. Daeth criw teledu i ffilmio rhai o'r cyfraniadau ymlaen llaw yn nhafarn y Gogerddan a bu raid i Siân wneud yn sicr nad âi Dic ar gyfyl y lle y noson honno. Arni hi ac Ifor Owen Evans y syrthiodd y cyfrifoldeb o dywys Dic i'r union fan ar yr union adeg ar gyfer yr 'hit'. Ni fu honno'n dasg hawdd gan ei fod yn awyddus i gwblhau rhai tasgau o amgylch y fferm gan fod y tywydd

yn ffafriol y bore hwnnw. Gan i'r trefniadau redeg fel wats a
phawb wedi cadw'u cegau ynghau, awgrymodd Dic wrth Arfon
Haines Davies pan gafodd ei wynt ato fod yma efallai fodel i
ysgrifenyddion eisteddfodau ei ddilyn. Yn lle rhoi gwybod i'r
bardd, ac i neb arall, ei fod wedi ennill cadair, beth am hysbysu
pawb ond y bardd gan adael iddynt hwy ei dywys i'r pafiliwn
neu'r neuadd ar ddiwrnod y cadeirio?

Digwyddodd rhywbeth tebyg ar ddydd ei ben-blwydd yn
ddeg a thrigain. Cafodd alwad i fynd i Landaf i drafod apêl
y gynghanedd ar raglen Hywel Gwynfryn. Ar ôl cyrraedd
y stiwdio darganfu fod gan Radio Cymru barti ar ei gyfer a
bod Hywel wedi trefnu fod ffrindiau Dic o bob cwr o Gymru
yn ffonio gyda'u cyfarchion a'u hatgofion yn ystod y rhaglen.
Dychwelodd i'w gynefin ac i barti arall y noson honno yng
Ngwesty'r Emlyn, Tan-y-groes, ond y mae gennyf le i gredu ei
fod wedi clywed si am y digwyddiad hwnnw. Rhydd hanesion
fel hyn awgrym o'r parch a oedd gan ei bobl a'r genedl y tu hwnt
tuag ato.

Cyn gorffen gyda'r teledu rhaid sôn am y rhaglen arfaethedig
na chyrhaeddodd y sgrin fach. Y bwriad oedd mynd â chriw
teledu allan i Ladakh yng ngogledd yr India i ffilmio llwyth o
bobl o dras Tibetaidd sy'n dal i grafu bywoliaeth ar lethrau'r
Himalayas. Gofynnwyd i Dic fynd allan fel rhan o'r tîm i roi
sylwebaeth ar y frwydr enbyd hon rhwng dyn a'r elfennau yng
'ngwlad y bylchau uchel'. Nid ar chwarae bach mae mynd i
Ladakh. Byddai'n golygu taith diwrnodau ar gefn ebol asyn i
gyrraedd yr ardal anghysbell hon sydd o leiaf fileniwm i ffwrdd
o'r Marks & Spencer's agosaf, chwedl y wraig o Radio 4. Er
gwaethaf, neu efallai oherwydd, hyn, yr oedd y prosiect wedi
tanio dychymyg Dic. Nid oedd y ffaith nad oedd erbyn hynny

mor ifanc nac mor ystwyth ag y bu yn esgus dros aros adre. Edrychai ymlaen yn eiddgar at y profiad a chafodd gryn siom pan fu rhaid canslo'r fenter oherwydd diffyg cyllid. Mae'n deg dweud fod y newyddion wedi bod yn dipyn o ryddhad i Siân. Ond ni allaf lai na theimlo fod chwip o raglen wedi llithro drwy'r dwylo.

Yr oedd yn un o ffrindiau pennaf Radio Cymru a gellir olrhain ei yrfa ddarlledu yn ôl i'r rhaglen boblogaidd *Sêr y Siroedd* o dan ofal yr anghymharol Alun Williams. Ef oedd y bardd yn nhîm Sir Aberteifi yn y gystadleuaeth honno o ganu, adrodd a barddoni a drosglwyddid ar setiau di-wifr pumdegau'r ganrif ddiwethaf.

Yr oedd ei seren erbyn hyn yn dechrau disgleirio ac yn fuan iawn gwahoddwyd ef i ymuno â T. Llew Jones ac Alun Cilie yn nhîm Ymryson y Beirdd Sir Aberteifi ar ôl i Dafydd Jones, Ffair-rhos ac Evan Jenkins ymddeol o'r pedwar gwreiddiol. Yn ôl y sôn ni chollodd y pedwarawd hwnnw yr un ornest, felly yr oedd gan Dic esgidiau go fawr i'w llanw. Ar ben hynny yr oedd yr ymryson, yn wahanol i'r talwrn presennol, yn rhaglen hollol fyrfyfyr. Byddai rhaid i'r tîm deithio i'r stiwdio yn Abertawe neu Gaerdydd ac ar y daith byddent yn ymarfer ar gyfer y rhaglen drwy gynganeddu'r enwau lleoedd a welent ar y mynegbyst. Dyna pryd y cyfansoddodd Tydfor un o'i linellau anfarwol, sef 'Llond trowser yn Llantrisant'. Ar ôl cyrraedd, caent destun yr englyn cywaith a hynny ryw hanner awr yn unig cyn dechrau recordio. Byddai gofyn i'r pedwar unigolyn yn eu tro orffen dwy dasg yr un yn ystod tri chwarter awr o raglen. Un o'r tasgau a gafodd Dic oedd cwblhau cwpled yn cynnwys y gair 'siom'. A llwyddodd i foddhau Meuryn gyda'r ymdrech epigramatig:

A fo fwyaf ei awydd
Mwyaf fyth ei siom a fydd.

Yr oedd yn amlwg fod seren newydd wedi ymddangos yn y ffurfafen lenyddol.

Wrth i'r sôn am ei ddoniau ledu cafodd wahoddiad gan Lorraine Davies a Teleri Bevan i fod yn rhan o'r rhaglen radio ddifyr *Penigamp*, a fu mor boblogaidd yng Nghymru yn ystod yr 1960au. Yr oedd dau dîm, un yn y de a'r llall yn y gogledd, yn mynd o gwmpas neuaddau pentref Cymru i greu orig o adloniant i'w darlledu yn wythnosol ar y weierles. Y pedwar yn y de oedd Cassie Davies, Marie James, Tydfor ab Siôr a Dic gyda Jacob Davies yn llywyddu. Fel y dywedodd Tydfor:

> Dici a Mari ac mae e, – Jacob,
> Yn tsieco'r holl gampe,
> Casi fwyn a'r ces, finne –
> Twym a'r diawch yw'r tîm o'r De.

Creu llond bola o chwerthin oedd y nod a gosodid tasgau ysgafn i'r aelodau megis adrodd stori, bathu geiriau, creu diarhebion newydd, cerdd gocos, esbonio enw lle ac yn y blaen. Wele ddisgrifiad Dic o bentre'r beirdd, Ffair-rhos:

> Er nad yw Ffair-rhos ond pentre bach dinod,
> Does 'na ddim byd ond defaid a beirdd a sgwarnogod,
> Mae 'na gymaint o fois wedi ennill stole
> Mae 'na fwy o gelfi nag sydd o benole.

Mae'n anodd i ieuenctid heddiw ddychmygu poblogrwydd y rhaglen yng nghefn gwlad y cyfnod. Byddai ffraethineb naturiol

Jacob Davies a'r pedwar ar y panel yn denu yr hen a'r ieuanc allan i'r neuadd bentref am noson o adloniant pur. Chwith yw meddwl ein bod wedi colli'r pump ohonynt erbyn hyn. Yr oedd Tydfor a Dic yn gyfoedion yn Ysgol Uwchradd Aberteifi a bu'r ddau yn bwrw eu prentisiaeth yn yr ymrysonfeydd lleol tua'r un adeg. Fel mab i Siors, un o fechgyn y Cilie, magwyd Tydfor yn sŵn clec y gynghanedd a datblygodd yn ifanc iawn i fod yn gynganeddwr greddfol a charlamus. Pan fu farw, yn llawer rhy gynnar mewn damwain ar y fferm, collodd Dic enaid hoff cytûn ac mae ei gywydd i gofio ei gyfaill cynganeddol ymhlith ei gerddi gorau. Yn addas iawn adeiladwyd y cywydd ar batrwm clasurol marwnadau'r oesoedd canol, ond mae'r cynganeddu a'r eirfa yn eiddo i'n dyddiau ni:

Y mae chwerthin yn brinnach
Heno, boe, gryn dipyn bach,
Y mae poen dy gwymp ynom
A cholyn y sydyn siom,
Mae clwyfau dy angau di'n
Rhy wael i unrhyw eli.

Oet frenin gwerin dy gwm,
Oet ei heulwen ers talwm.
Oet was ac oet dywysog
A'i lys ym mhannwl y glog,
Daw'r don at ei godre du,
Ond ti ydoedd Cwm Tydu.

Yn y düwch distewi
Wnaeth trydar dy adar di.

Ti gynnau oet eu gwanwyn
A'u llais yn irder y llwyn.
Pa gân, a'r gaea'n y gwŷdd,
A'r gaeaf yn dragywydd?

Oet frawd fy nghyntaf frydio,
Oet drech na'm hawen bob tro,
A thrwy y sir ni thau'r sôn
Am yr odlwr amhrydlon.
Oet ŵr rwff, oet ar wahân,
Oet dyner, oet dy hunan.

Oet yn ail dy wit i neb,
Oet dderyn, oet ddihareb.
Bonheddig, ddysgedig ŵr
O'r henoes, oet werinwr,
Oet gyfaill plant y gofwy,
Oet eu mab, ac nid wyt, mwy.

Oet eon, oet galon gêl,
Oet ŵr hybarch, oet rebel,
Oet wag mawr, oet gymeriad,
Oet wres y tŷ, oet dristâd,
Oet ddyn y grefft, oet ddawn gre',
Oet y galon, oet Gilie.

Gan mai Dic oedd yr olaf ohonynt i'n gadael, cofiodd am y tri
arall yn eu tro. Deil ei englyn er cof am Cassie Davies yn un
o lasuron y canu marwnad Cymraeg. Y tristwch oedd fod y
cyn Arolygydd Ysgolion, a oedd mor chwim ei meddwl ac mor

ystwyth ei thafod ffraeth, wedi colli gafael ar ei chof cyfoethog yn ystod ei blynyddoedd olaf. Daliwyd yr holl drasiedi eironig hwn gan Dic mewn deg sill ar hugain:

> Lleihau wnaeth y gannwyll wen – a breuhau
> Wnaeth braich y ganhwyllbren,
> Aeth y cwyr a'r babwyren
> Yn ara bach, bach i ben.

Yn 1979 lansiwyd y gyfres hirhoedlog *Talwrn y Beirdd* gyda Gerallt Lloyd Owen yn tafoli gornestau barddol rhwng gwahanol dimau dros Gymru gyfan. Cydiodd y gyfres a'r rhyfeddod oedd fod cymaint o bobl na fyddai byth yn darllen cyfrol o farddoniaeth yn gwrando arni yn ddi-ffael. Byddai nifer o ffermwyr a gyrwyr lorïau yn trefnu eu hamserlen waith o gwmpas oriau darlledu'r rhaglen.

Gwyddai Dic a Gerallt fod elfen o sioe yn perthyn i'r *Talwrn* – yr oedd rhaid difyrru'r ffyddloniaid yn ogystal â'u diwyllio. Yn hynny o beth yr oedd y ddealltwriaeth a ddatblygodd rhwng dau bur wahanol yn gweithio i'r dim. Yn 1994 ymwelodd y bardd a'r gohebydd Saesneg Jeff Nuttall â'r Eisteddfod Genedlaethol gan fynychu rownd derfynol y *Talwrn*. Mewn erthygl yn yr *Observer*, aeth ati, trwy lygad estron, i gofnodi'r profiad yn hynod gofiadwy. Mae'n amlwg i'r ffenomenon unigryw Gymreig hon adael cryn argraff arno:

> As each competitor delivers his piece, Jones and
> Owen improvise a link-commentary of such
> wit and erudition that the audience is kept in a
> state of astonished mirth. Jones has a face like an

undertaker's shovel, Owen has a complexion like
school blotting paper under a snowy mane.

Ond Gerallt biau'r ergyd olaf. Yn fuan ar ôl i'r erthygl
ymddangos derbyniodd teulu'r Hendre gerdyn oddi wrth
Gerallt gyda llun cartŵn o Dic yn ei ddillad gwaith yn cydio
mewn rhaw. Ar ei ben gwisgai het ymgymerwr yn hytrach na'r
cap stabal arferol. Yr oedd englyn ar y garden:

> Da nad yw dyn yn dial ar bopeth
>   ddwed rhyw bapur gwamal
>   neu fe rôi'r boi hefo'r bâl
>   'ffinito' i Jeff Nuttall.

Yr oedd Dic yn aelod o dîm Crannog yn y gyfres o'r cychwyn
cyntaf ac felly y bu tan 1985 pan ofynnwyd iddo gan y
cynhyrchydd, Trystan Iorwerth, fod yn rhan o dîm sefydlog
y rhaglen, gyda Gerallt a Maud Griffiths. Dyletswydd Dic
oedd llywyddu tra byddai Gerallt yn meurynna a Maud yn
cadw'r amser a chofnodi'r sgôr. I lawer o'r genhedlaeth hŷn,
y blynyddoedd hyn, dan lywyddiaeth Dic, oedd oes aur y
Talwrn gyda meddyliau chwim Dic a Gerallt yn hogi ei gilydd
a phresenoldeb cyson a phwyllog Maud yn cadw trefn ar y
ddau. Rhoddai hyn gyfle i Gerallt gloriannu o ddifrif heb orfod
gofidio am ddyletswyddau eraill. Bu'r cyfnod hwn yn un hapus
i Dic wrth iddo grwydro Cymru gyfan, a thu hwnt, bob yn ail
nos Fawrth gan ailymweld â nifer o neuaddau a festrïoedd y
bu'n Penigampio ynddynt flynyddoedd ynghynt.
    Mae gan Dan Puw gof clir am y noson y gwahoddwyd y
Talwrn i bentre'r Parc ger y Bala. Yr oedd y meuryn, y llywydd,

Maud a'r ddau dîm wedi cyrraedd yn brydlon ond nid oedd sôn am y technegwyr sain. Trwy ryw amryfusedd yr oeddynt hwy wedi glanio mewn parc arall ymhell i ffwrdd. O ganlyniad aeth Dic ati yn hollol fyrfyfyr i ddifyrru'r gynulleidfa am awr dda tan i'r uned recordio gyrraedd. Ac araith Dic, nid y talwrn a'i dilynodd, oedd uchafbwynt y noson i Dan Puw.

Yn anffodus, tua throad y ganrif, daeth cyfnod triawd y *Talwrn* i ben. Wrth i'r toriadau ariannol frathu ym Mryn Meirion, penderfynwyd mewn rhyw oruwchystafell, y gellid hepgor Dic a Maud gan adael Gerallt ar ei ben ei hunan i lywio'r rhaglen a chadw'r sgôr yn ogystal â meurynna. Yr oedd y pwysau ychwanegol ar Gerallt yn sylweddol ac mae'n deg dweud i'r rhaglen golli ychydig o'i sglein am gyfnod. Mae'n bosibl i'r awdurdodau o dipyn i beth sylweddoli eu camgymeriad a gwnaethpwyd hanner iawn am y cam drwy drefnu fod cwmni gan Gerallt ar y llwyfan i gadw'r sgôr. Ond ni alwyd Dic yn ôl i'r ffald. Yr oedd yn siom i'w gyfeillion yn nhîm Crannog i weld y cyn-aelod yn colli ei gyflog yn y fath fodd; er hynny sylweddolem y gallai hyn fod o fantais i'r tîm.

Tybed a fyddai'n barod i ailymuno â ni ar lawr y talwrn? Tybiem, er hynny, mai doethach fyddai peidio â rhuthro yn syth i holi'r cwestiwn gan adael digon o amser i'r clwyfau wella. Aeth rhai misoedd heibio felly cyn i ni benderfynu fod rhaid gweithredu cyn i neb arall ei fachu. Ei ateb, pan holwyd y cwestiwn, oedd, 'Own i yn dechrau meddwl na fyddech chi byth yn holi, bois.' Tybed a oedd ef, efallai, yn gweld eisiau'r meic wedi'r cyfan?

Rhyw Abraham ar barêd

Yn ôl y sôn, potsiars sy'n gwneud y ciperiaid gorau. Mewn unrhyw faes mae'n bosibl mai'r rhai sydd wedi herio'r drefn yw'r rhai mwyaf delfrydol yn y pen draw i'w chynnal. Nid oes amheuaeth na roddodd Dic gryn ysgytwad i'r sefydliad eisteddfodol yn 1976, a byddai'n wir dweud ei fod ef ac Alan Llwyd o'r farn y gallai uwch-swyddogion yr Orsedd fod wedi delio'n ddoethach a'r storom Awst honno. Ond o dipyn i beth tawelodd y tywydd ac nid yw'r hanes bellach namyn dŵr o dan bont afon Teifi.

Er hynny, bu ond y dim i gorwynt cyffelyb daro Maes Eisteddfod Genedlaethol Cwm Rhymni yn 1990. Yr oedd yr awelon yn dechrau codi mor gynnar â Hydref 1989 pan gytunodd Dic i gymryd gofal o ddosbarth cynganeddol Roy Stephens yn Nhan-y-groes. Penderfynodd yr athro newydd y dylem fel dosbarth dreulio'r ddwyawr a gaem yng nghwmni'n gilydd bob nos Wener yn cyfansoddi awdl ar gyfer Eisteddfod Genedlaethol y flwyddyn ddilynol. 'Gwythiennau' oedd y testun ac aed ati yn ddelweddol fodern i ymdrin â'r rhwydwaith o bibau carthffosiaeth sy'n cludo'n budreddi o fan i fan o dan y ddaear. Gyda'i dafod yn ei foch, chwaraeodd gêm y beirniad llenyddol o bwys sy'n gweld delweddau a symbolau fel rhan anhepgor o farddoniaeth. Gwelodd gyfle i dynnu coes dau o'i gyfeillion pennaf, sef T. Llew Jones a Gerallt Lloyd Owen, a oedd wedi cael eu dewis i feirniadu'r flwyddyn honno. Nid oes amheuaeth na chafodd

Dic, gyda'r mymryn lleiaf o gymorth gan y dosbarth, hwyl ar y cyfansoddi ac erbyn dechrau Mawrth yr oedd ganddo awdl. Rhoddodd ei enaid i'r gwaith ac er bod ganddo ddwy ysgrifenyddes yn y dosbarth yn cofnodi'r llinellau, go brin fod eu hangen gan fod y cwbl yn saff ar gof Dic o wythnos i wythnos. Ni ellid ei alw yn gyfunwaith, ond yr oedd yn gyfanwaith, a mynnai Emyr Oernant y dylid ei anfon i mewn i'r gystadleuaeth ac mae angen dyn cryf i sefyll yn ffordd hwnnw. Tueddai Dic i gytuno ag ef gan ei fod o'r farn ei bod yn bryd, ar ôl awdlau hiraethus yr wythdegau, ysgafnhau naws orddifrifol cystadleuaeth y Gadair. Anfonwyd yr awdl i mewn o dan y ffugenw 'Lleng' a bydd y rhai sydd yn hyddysg yn eu Beibl yn gwerthfawrogi'r gyfeiriadaeth: 'canys y mae llawer ohonom.'

Problem fwy ticlus i'w datrys oedd enw a chyfeiriad dilys yr ymgeisydd. Yr oedd Dic, fel yn 1976, yn awyddus i'r awdl fynd heibio Securitat Swyddfa'r Eisteddfod ac roedd rhaid iddo felly, am yr eilwaith yn ei hanes, fod yn ofalus gyda'r gwirionedd wrth lanw'r ffurflen briodol. Penderfynwyd yn y diwedd ar yr enw Blodwen. Blodwen oedd yr hwch a fwydwyd ar swilfwyd y caffi, a rhoddwyd iddi y cyfenw teuluol, sef Evans. Fel cyfeiriad, pa le gwell na Chaffi'r Emlyn, Tan-y-groes, Aberteifi, gan mai yno'r oedd man cychwyn yr hwyl.

Pan ddaeth hi'n brynhawn y traddodi cafodd T. Llew hwyl wrth adrodd rhai o ddarnau mwyaf carlamus yr awdl i gynulleidfa'r pafiliwn. Wele gyfres o englynion ysgafn eu naws ond a oedd yn cyffwrdd ag un o bynciau llosg y dydd wrth i'r meddylfryd gwyrdd gydio yn nychymyg ein naturiaethwyr. Teg yw dweud ei bod yn thema y byddai Dic, fel ffermwr o dueddiadau organig, yn cydymdeimlo â hi:

Cwteri'n llawn bacteria – yn arwain
    I'r môr eu mochyndra,
    Is y dŵr mae listeria,
    Mae y don yn llawn dom da.

Rhy hwyr bellach yw achwyn, – a'r hen fôr
    Yn farw'n y gadwyn
    A'r dŵr hallt a red ar drwyn
    Llanina'n llawn o wenwyn.

Gwythïen biben y baw – yn chwydu
    Afiechydon distaw,
    Carthion o Fôn i Fanaw,
    A'r weilgi'n drewi o draw.

Ysbarion y bocsys Borax – a wast
    Domestos ac Ajax
    A feirws pob rhyw faracs
    Yn llenwi'r lli' gyda'u llacs.

Re-Chem yn llygru'r cwmwl, – cyfalaf,
    Cyfalaf yw'r cwbwl.
    Enbyd nad oes un penbwl
    Yn afon front Pontypŵl.

Heb fargod i'n cysgodi – rhag yr haul,
    A ddaw'r gwres i losgi
    Yn dir neb ein daear ni?
    Daw y wers o Landarsi.

Heb os, byddai T. Llew a Gerallt wedi adnabod aroglau Dic ar arddull Lleng a chydnabu T. Llew hynny yn ei feirniadaeth lafar o'r llwyfan. Yr oedd yr arwyddion yn amlwg. Cloir 'Cynhaeaf' â hir-a-thoddaid unigol:

> Tra bo dynoliaeth fe fydd amaethu,
> A chyw hen linach yn ei holynu,
> A thra bo gaeaf bydd cynaeafu
> A byw greadur tra bo gwerydu,
> Bydd ffrwythlonder tra pery – haul a gwlith,
> Yn wyn o wenith rhag ein newynu.

Felly hefyd awdl Cwm Rhymni. Yr un yw'r patrwm wrth i Dic ddangos inni ochr arall y geiniog. Maent yn ateb ei gilydd:

> Mae'r hen ddaearen yn ei thrueni
> A'n difrawder sydd yn ei difrodi,
> Y mae'r gwyddon yn ei diffrwythloni.
> Â'n brinnach, brinnach ein bara inni.
> O galon ei haelioni – daw'n harlwy,
> Nid â gwenwyn y cawn ein digoni.

Drwy ryw gyd-ddigwyddiad rhyfedd hefyd mae 'Gwanwyn' ac awdl Tan-y-groes yn dechrau gyda'r dilyw.

Emrys Roberts oedd y trydydd beirniad ac yr oedd ef a'r ddau arall yn hollol gytûn fod awdl Lleng yn deilwng o'r Gadair. Ond drwy drugaredd yr oedd dau o blith yr un ar ddeg cystadleuydd, sef yr enillydd, Myrddin ap Dafydd, a'r ail agos, Tudur Dylan, yn rhagori arni. Mwy na thebyg fod hyn wedi bod yn fater o ryddhad i Dic yn y diwedd, neu a oedd yn hanner gobeithio am gael creu swae unwaith eto ac am gyfle arall i dynnu blewyn o drwyn y sefydliad eisteddfodol. Pwy a ŵyr?

Ddeunaw mlynedd yn ddiweddarach, wele'r heriwr

pryfoclyd yn cael ei orseddu yn Archdderwydd Gorsedd Beirdd
Ynys Prydain 'yn wyneb haul a llygad goleuni' yn y Bala. Bore
digon mwll oedd hi gyda'r cymylau duon yn bygwth glaw. Mae'n
rhaid mai cael a chael oedd hi ond bu'r Arwyddfardd, Dyfrig ab
Ifor, yn ddigon mentrus i benderfynu y dylid cynnal y seremoni
allan yn yr awyr agored. Gwobrwywyd ei ffydd yn yr elfennau a
daliodd yn sych. Yna, ar y funud dyngedfennol wrth i Dic esgyn
i'r Maen Llog, torrodd llygedyn o haul drwy'r cymylau i oleuo'r
prynhawn ac i ddisgleirio ar ddwyfronneg aur yr Archdderwydd
newydd. Mae'n rhaid fod yr Arwyddfardd fel Dic yn ymwybodol
bod 'darn o'r haul draw yn rhywle' yn ein haros.

Er bod trefn ddemocrataidd i ethol Archdderwydd newydd
yn bodoli bellach, ceir y teimlad mai penderfyniad cylch bach
cyfrin o orseddogion yw'r dewis o hyd yn y pen draw; nid bod
llawer o'i le ar hynny a dweud y gwir. Gwyddai'r bobl hyn
fod y statws, y bersonoliaeth a'r corff gan Dic i gario regalia'r
traddodiad yn anrhydeddus. Yr oedd yn ddewis poblogaidd
ac yn un y gallai'r werin uniaethu ag ef. Fel y nodwyd yr oedd
pawb yn adnabod Dic, ac yn ei barchu. Ef fyddai'r ffermwr
cyntaf i ddal yr anrhydedd a gallai felly ailgysylltu'r Orsedd â'i
gwreiddiau amaethyddol yn nolydd bras Bro Morgannwg. Ar
ben hynny, yr oedd y ffaith iddo herio'r sefydliad ei hunan yn y
blynyddoedd blaenorol bron â bod yn gymhwyster ychwanegol
erbyn hyn. Yr oedd angen cymeriad lliwgar o'r fath i wneud
cyfiawnder â breuddwyd Iolo. Fel y nododd Dic:

> Breuddwyd heb eiriau iddi
> I ddweud ei chyfaredd hi,
> Heb sylwedd ond rhyfeddod
> Awen bardd i ddweud ei bod.

Yn rhyfedd iawn dilynwyd Dic fel Archdderwydd gan Jim
Parc Nest, un arall a fu'n gwthio'r ffiniau ac sy'n dal i wneud
hynny. 'Ianws' oedd ffugenw Jim yng nghystadleuaeth y Goron
yn Eisteddfod Genedlaethol Caernarfon yn 1979. Dyfarnwyd
y bryddest yn fuddugol, ond gwelwyd ar ôl agor yr amlen
dan sêl fod dau ben gan Ianws, sef Jim ei hunan a'r bardd
Americanaidd, John Dressel. O ganlyniad, bu rhaid eu diarddel
o'r gystadleuaeth. Yr oedd hyn dair blynedd ar ôl cystadleuaeth
y Gadair yn Aberteifi a phwy a ŵyr beth a fyddai wedi digwydd
yng Nghwm Rhymni pe bai wedi bod yn gystadleuaeth wan. Ni
ellir llai na theimlo fod gweledigaeth Iolo wedi bod yn saff yn
nwylo dau rebel o'r fath. Byddai wedi bod yn falch ohonynt.

Rhaid cyfaddef ei bod yn syndod i lawer fod Dic wedi
cytuno i dderbyn yr anrhydedd. Nid oedd yn ddyn rhwysg a
seremoni nac yn ddyn pwyllgor. Gallaf ddychmygu y byddai
ganddo gant a mil o dasgau rheitiach i'w cyflawni o gylch yr
Hendre na threulio prynhawn sych yn llusgo clust agenda yn un
o bwyllgorau'r Orsedd. Yr oedd yn fyd hollol ddieithr iddo a go
brin y byddai manylion cyfansoddiadol a chyfreithiol y pentwr
papurau a roed o'i flaen o ddiddordeb ysol iddo. Ar ôl iddo gael
ei dderbyn i'r Orsedd wedi iddo ennill y Gadair yn Aberafan, ni
wnaeth unrhyw ymgais i ymuno â Llys yr Eisteddfod. Gan mai
o blith aelodau y corff hwnnw yr etholir archdderwyddon yn
gyfansoddiadol, mae'n deg dweud na fu iddo erioed chwennych
y swydd. Felly, bu raid torri corneli a'i gyfethol yn aelod o'r
Llys er mwyn i'w enw gael ei roi gerbron yr aelodau fel darpar
Archdderwydd.

Yr oedd nifer o bobl wedi sylwi dros y blynyddoedd fod
defnydd Archdderwydd arbennig yn Dic; yr oedd ganddo
bopeth at y gwaith. Yn ystod y nawdegau bu pwysau mawr arno

o'r tu ôl i'r llenni i adael i'w enw gael ei roi gerbron, gyda Huw Lewis o Wasg Gomer yn amlwg iawn yn yr ymgyrch. Gwrthod yn bendant a wnaeth Dic a hynny er mawr siom i Siân a'r teulu. Mae hyn yn drueni gan ei fod yr adeg honno yn ei anterth ac nid oes amheuaeth na fyddai wedi gadael ei stamp unigryw ar y swydd bryd hynny.

Un noson dywyll flynyddoedd yn ddiweddarach, galwodd dirprwyaeth hanner swyddogol o'r Orsedd yn yr Hendre i gael sgwrs gyda Dic. Nid oedd Siân gartre ar y pryd a phan ddychwelodd yn ddiweddarach, yr oedd yn destun balchder iddi, a chryn syndod hefyd, fod Dic yn ei habsenoldeb wedi cytuno i'w enw gael ei roi gerbron ar gyfer yr Archdderwyddiaeth. Ni fu raid iddo sefyll etholiad gan i'r ymgeisydd arall, Jim Parc Nest, dynnu ei enw yn ôl o barch i'r maestro. Mae'n rhyfedd fel mae bywydau pobl yn troi mewn cylchoedd gan mai Dic a Jim, y ddau yn gyd-aelodau o dîm pêl-droed Castellnewydd Emlyn, a fu'n cystadlu am gadeiriau'r Urdd hanner canrif ynghynt.

Beth tybed a fu'n gyfrifol am y newid meddwl? A ddaliwyd ef ar funud wan? Ai derbyn yr anrhydedd i blesio Siân a wnaeth gan y gwyddai y byddai'n golygu cymaint iddi? Neu a oedd yn cofio fod ei gyfaill mawr, T. Llew Jones, wedi gwrthod yr archdderwyddiaeth yn ei ganol oed ac wedi bod yn edifar? Neu a oedd yntau erbyn hyn yn teimlo ei fod fel Cynan yn ddigon 'hen a pharchus' i wneud teilyngdod â'r gwaith bellach? Fel y dywedodd yn ei gywydd pros i gyfarch John Gwilym Jones a ddyrchafwyd i'r swydd yn ei ganol oed:

Fel arfer mae Archdderwydd o oed sant cyn dod i'w swydd, rhyw Abraham ar barêd, a'i osgordd bron cyn llesged ag ef yn llusgo o'i ôl.

Neu a oedd ganddo gornel cynnes yn ei galon at yr Orsedd
wedi'r cyfan ac yntau'n awyddus efallai i wneud iawn am rai o
gampau'r gorffennol? Yn yr un cywydd, mae'n cydnabod:

> Ond mae hen nad, am wn i, ynom am seremoni.
> Rhyw goel fod y regalia yn gwneud gwell dyn o'r dyn
> da.

Tua chanol y ganrif ddiwethaf bu cyfnod pan oedd gwneud
hwyl am ben yr Orsedd yn gyffredin ymysg deallusion y
genedl. Dilornwyd ei phaganiaeth a gwnaed sbort am ben ei
rhwysg a'i ffug hanes. Ond ni fu Dic erioed yn aelod o'r garfan
honno. Gwerthfawrogai'r ffaith fod yr Orsedd wedi bod yn
bresennol yn Aberafan yn 1966 i'w anrhydeddu gan ychwanegu
yn sylweddol at yr achlysur. Flwyddyn yn ddiweddarach
cafodd ei urddo i'r wisg wen a'i adnabod ganddynt fel Dic yr
Hendre. Teimlai felly fod arno ddyled a dyletswydd foesol i
anrhydeddu'r prifeirdd a'i dilynodd yn yr un modd. Oherwydd
yr amryfal alwadau o du beirniadu a'r cyfryngau a ddôi i'w
ran yn ystod wythnos yr Eisteddfod, ni fyddai'n bosibl iddo
fynychu seremonïau'r pafiliwn yn aml. Gwnâi bwynt er hynny
o fod yn rhan o'r Orsedd yng Ngŵyl y Cyhoeddi. Gwelai werth
yr Orsedd i'r Eisteddfod yn ddiwylliannol ac yn ariannol.
Bu'n deyrngar iddi a chlywais ef yn dweud mai cael ei ethol yn
Archdderwydd oedd un o'r breintiau mwyaf a dderbyniodd
mewn oes o anrhydeddau.

Yn 1976 pan wahoddwyd yr Eisteddfod Genedlaethol i
Aberteifi, etholwyd Dic yn gadeirydd Pwyllgor yr Orsedd.
Eu cyfrifoldeb pennaf oedd darparu cylch o feini ar gyfer
seremoni'r Cyhoeddi ac ar gyfer gweithgareddau eraill yr

Orsedd yn ystod wythnos yr Eisteddfod. Yr oedd hon yn ŵyl arbennig gan ei bod yn dathlu wyth can mlynedd ers i'r Arglwydd Rhys gynnal yr eisteddfod gyntaf a hynny o fewn muriau castell y dref. Gan ei fod yn achlysur mor arbennig teimlai Emrys Evans o Grymych, a oedd yn aelod o'r pwyllgor, y byddai'n addas iawn i gylch yr Orsedd gael ei ffurfio o garreg las Caer Meini. Methwyd â dod i ben â hynny pan fu'r Eisteddfod yn Hwlffordd bedair blynedd ynghynt, felly yr oedd Emrys Evans yn benderfynol na ddylid colli cyfle arall i godi cylch unigryw o'r fath o dan gysgod y Preselau. Cydiodd y syniad yn Dic, ac er mwyn gwireddu'r freuddwyd bu'r ddau ohonynt yn cerdded yr ucheldir hudolus hwnnw rhwng Crymych a Mynachlog-ddu er mwyn dod o hyd i dri ar ddeg o feini addas i ffurfio'r cylch. Wedi penderfynu ar y meini fe'u mesurwyd ac fe'u marciwyd yn barod ar gyfer eu symud i Aberteifi. Yr oedd y pwyllgor wedi gobeithio y byddai'n bosibl codi'r cylch o feini o fewn muriau'r castell i ddathlu'r cyswllt ag eisteddfod yr Arglwydd Rhys yn 1176, ond profodd problemau perchnogaeth yn drech na hwy. Daethpwyd o hyd i lecyn addas a chafwyd caniatâd gan y perchennog, Teifion Morris, i godi'r cylch mewn cae bach o flaen Brondesbury Park ar y ffordd allan o'r dref tua'r gogledd.

Aeth Dic a Berwyn Williams, Cadeirydd y Pwyllgor Gwaith, ati, gyda chymorth tâp mesur decllath, digonedd o gortyn bêl o'r Hendre a phegiau pren o glawdd cyfagos, i fapio'r cae yn unol â chyfarwyddiadau manwl Bwrdd yr Orsedd. Disgwylid i'r Maen Llog a Maen y Cyfamod bwyntio'n union tua'r dwyrain a dylai'r onglau rhyngddynt a'r ddau Faen Porth gyfateb i godiad haul ar y dydd byrraf a'r dydd hwyaf o'r flwyddyn. Ni chlywais sôn fod cwmpawd ganddynt, ond byddai ffermwr profiadol, a ddibynnai ar yr haul, yn weddol saff o fod yn adnabod ei begynau.

Y cam nesaf oedd symud y meini, gyda'r trymaf yn pwyso dros bum tunnell, i'w lle priodol yn Brondesbury a hynny heb amharu dim ar y rhwydwaith o bibau carthffosiaeth ac ati a redai o dan y parc. Er na ellid cymharu hyn â champ ein hynafiaid a lusgodd y cerrig glas o Gaer Meini i ffurfio cylch Côr y Cewri yn Stonehenge mewn oes ddibeiriant, yr oedd sialens 1975 yn dal yn heriol. Wrth i'r amserlen fynd yn dynn, neilltuwyd diwrnod penodol at y gwaith, a chyda chydweithrediad tri gŵr busnes lleol cyflawnwyd y dasg a hynny heb dorri yr un biben danddaearol.

Lorïau Dai Jones, Ffynnon, Crymych a gludodd y cerrig; craen Keith Thomas o Askus Cranes, Castellnewydd Emlyn fu'n eu gosod yn eu lle a JCB Emrys Owen, Castell Pridd, a fu'n cloddio'r sylfeini. Fel bonws, cafodd y tri eu cyfarch gan Dic yn y dull traddodiadol:

Dai Ffynnon

Am hurio taclau mawrion, – ni waeth beth
   Y bo eich anghenion,
    Pob plwy' o Fynwy i Fôn –
   Ewch a ffoniwch y Ffynnon.

Keith Thomas

Yn y cae pwy oedd y cawr – a gariodd
   Gylch o gerrig enfawr?
    Pwy fu'n codi'r meini mawr?
   Askus a'i graen grymusgawr!

Dim ond pencampwr ar drin geiriau a fyddai wedi llwyddo i
weithio englyn ar y fath odl anodd.

Emrys Owen
Am unrhyw gontract ar y tir,
Neu gadw'r gerddi'n gymen,
Mae Castell Pridd yn rhydd wrth law
A'i Jac Codi Baw'n y fargen.

Mae pobl yn y diwylliant Seisnig sy'n ennill ffortiwn am greu
hysbysebion nad ŷnt hanner mor effeithiol â'r tri uchod.

Bu Dic yn ei oferôls yn llafurio gyda hwy drwy'r bore a phan
fu rhaid iddo ddiflannu tua amser cinio er mwyn traddodi'r
feirniadaeth yng nghystadleuaeth y Gadair yn Eisteddfod yr
Urdd yn Llanelli, yr oedd peth o bridd Brondesbury yn dal
ar ei ddwylo a'r cyfrifoldeb am y cylch o feini yn pwyso ar ei
feddwl. Gymaint oedd ei ofid fel y bu rhaid iddo ef a Siân, y
noson honno, ar ôl seiadu gyda'r beirdd yn y Pentre Arms, alw
heibio i Brondesbury i weld pa mor agos, neu ba mor bell, oedd
y mesuriadau a gymerwyd. Am hanner nos serennog safodd ar
y Maen Llog, fel rhyw ddarpar Archdderwydd, a phan ganfu
fod Seren y Gogledd o'r fan honno yn gorwedd rywle rhwng y
gogledd magnetig a'r gwir ogledd, aeth adref yn ŵr hapus.

Mae'n anodd meddwl fod unrhyw Archdderwydd arall
wedi chwarae rhan mor weithredol a chorfforol yn y broses o
ddarparu cylch o feini ar gyfer defodau Gorsedd Beirdd Ynys
Prydain. Dysgodd lawer am gyfrinion y sefydliad yn ystod ei
gyfnod fel cadeirydd Bwrdd yr Orsedd yn Aberteifi. A yw'n
bosibl ei fod yntau wedi cael ei rwydo ar yr ucheldir rhwng
Caerdwgan a Chaer Meini gan gyfaredd breuddwyd Iolo?

A phan gamodd i'r Maen Llog ar y noson serennog honno i chwilio am Seren y Gogledd, tybed a oedd ei ffawd wedi cael ei rhagluniaethu gan hen dduwiau'r ddaear fel y byddai yntau yng nghyflawnder yr amser yn cynnal breuddwyd Iolo yn ei regalia archdderwyddol ei hunan?

Bu'n siom fawr iddo pan symudwyd y meini ryw chwarter canrif yn ddiweddarach o lygad goleuni parc Brondesbury i lecyn diarffordd ger y Netpwl. Datblygodd y cylch, yn ôl tystiolaeth awdl Ceri Wyn, yn fan cyfarfod hwyrol i rai o ieuenctid y dref ac yn gartref i nifer o weithgareddau digon amheus o dan glogyn tywyllwch. Symudwyd hwy yn llechwraidd braidd, heb fawr o gyhoeddusrwydd na thrafod, a go brin fod y bobl a fu'n gyfrifol wedi bod mor ofalus wrth sicrhau bod y meini yn eu lleoedd priodol mewn perthynas â chodiad haul.

Teimlai'n gryf y dylai tref Aberteifi fod wedi gwneud mwy i hyrwyddo'r cysylltiad hanesyddol rhwng y castell a'r Eisteddfod. Byddai wedi hoffi gweld gwireddu breuddwyd Dr Geraint Jenkins, Sarnau, o greu amgueddfa eisteddfodol o fewn muriau'r castell. Methwyd â dod â'r maen i'r wal yr adeg honno oherwydd fod y castell mewn dwylo preifat. Erbyn hyn, ar ôl i'r Castell gael ei feddiannu a'i adnewyddu gan Ymddiriedolaeth Cadwgan, cododd y posibilrwydd o ailagor y trafodaethau, ond yn anffodus surodd y berthynas rhwng Cadwgan a'r Orsedd. Ni ellir llai na theimlo y byddai pethau wedi bod yn wahanol pe bai Dic yn fyw. Pan fyddai ef yn bwrw ei ddwrn mawr ar y bwrdd byddai pawb yn gwrando – ac yn ufuddhau.

Pan ddaeth yr amser i Dic yr Hendre sefyll ar y Maen Llog yng ngwisg yr Archdderwydd, yr oedd ei iechyd, fel y dengys y lluniau, wedi torri yn arw. Yr oedd wedi colli pwysau a'i wyneb

a'i wegil wedi culhau. Er nad oedd yn ddyn iach yr oedd
ffrâm ei gorff unionsyth yn dal yn gadarn, a chariodd wisg yr
Archdderwydd yn urddasol yn Eisteddfod Caerdydd yn 2008.
Yr oedd honno yn wisg ysblennydd newydd sbon a lluniodd Dic
ddau englyn i'r gwniadyddesau a fu'n ei brodio:

> Bu tawel fysedd celfydd – yn fisi
>   Am fisoedd bwygilydd
>   Yn gwnïo gwisg newydd
>   I euro Dic yng Nghaerdydd.

> Waeth cyn y gall e'r Archdderwydd – esgyn
>   I wisgo'i holl grandrwydd,
>   Daw'r wniadur a'r nodwydd
>   I roi ei sêl ar y swydd.

Arferai Eisteddfod Genedlaethol Dic ddechrau tua'r dydd
Mawrth gan orffen gydag ymddangosiad y Cyfansoddiadau.
Yr oedd Caerdydd yn brofiad gwahanol iddo. Dyna pryd y
sylweddolodd fod dyletswyddau'r Archdderwydd yn ymestyn
ymhell tu hwnt i arwain y tair seremoni ar y llwyfan a derbyn
aelodau newydd ar y Maen Llog. Y tro hwn bu raid iddo
gyrraedd ar y dydd Gwener cyn i'r Eisteddfod ddechrau ar gyfer
cyfarfod Bwrdd yr Orsedd. Fan hynny derbyniodd amserlen
dynn yn rhestru'r gwahanol ddyletswyddau y disgwylid iddo
eu cyflawni yn rhinwedd ei swydd yn ystod yr wythnos. Byddai
gofyn iddo fod yn bresennol yn yr Oedfa fore Sul a'r Gymanfa
Ganu, yn ogystal â dangos ei wyneb yng nghyngherddau'r nos
os byddai hynny'n bosibl. Disgwylid iddo hefyd fod yn ei sedd
ar y llwyfan yn ystod seremonïau gwobrwyo enillwyr Gwobr

Daniel Owen a Thlws y Fonesig Amy Parry-Williams. Ar ben hynny byddai ganddo ambell i ginio yn ogystal â phwyllgorau a digwyddiadau cymdeithasol di-rif i'w mynychu.

Bu'n ddigon ffodus i gael teilyngdod yn y tair brif gystadleuaeth lenyddol fel na fu raid iddo liniaru ar y don o siomedigaeth sy'n meddiannu cynulleidfa'r pafiliwn ar achlysuron o'r fath. Ddydd Llun cafodd y fraint o goroni Hywel Griffiths, cynganeddwr ifanc yr oedd gan Dic dipyn o feddwl ohono, a chafodd yr enillydd englyn gan yr Archdderwydd fel bonws:

> Yn nhre Awst fe roist yn rhwydd – orau braint
> I brentis Archdderwydd,
> A thi, tra bo'n swagro'i swydd,
> Yw ei arwr o'r herwydd.

Er hynny, yr wy'n siŵr y byddai Hywel yn dadlau ei bod yn fwy o fraint iddo ef i gael ei goroni gan ffigwr mor garismataidd a Dic. Ar y dydd Mercher tro Mererid Hopwood oedd hi i gael ei hanrhydeddu ac ar ddydd Gwener yr Eisteddfod cafodd y pleser o gadeirio merch arall, sef Hilma Lloyd Edwards. Yr oedd ei ffiol yn llawn.

Llywyddodd y seremonïau gydag urddas tawel. Ei nod o'r dechrau oedd anrhydeddu'r buddugwyr yn deilwng gan osgoi unrhyw demtasiwn i dynnu sylw ato'i hunan. Nid oedd yn awyddus i wneud datganiadau gwleidyddol ac er iddo dderbyn galwadau ffôn oddi wrth y papurau Prydeinig yn holi ei farn ar bynciau llosg y dydd, ni lyncodd yr abwyd. Yn fuan daeth y wasg i ddeall nad Archdderwydd yn chwilio am gyhoeddusrwydd oedd Dic a chafodd lonydd ar ôl hynny.

Oni bai bod rhywbeth mawr wedi ei gorddi nid oedd yn fwriad ganddo droi'r Maen Llog yn focs sebon personol. Teimlai'n gryf mai prynhawn yr enillydd ydoedd a sicrhaodd mai felly y bu, ac erbyn diwedd yr wythnos yr oedd arwyddion pendant fod y 'prentis Archdderwydd' yn mwynhau'r profiad. Gellid edrych ymlaen at ddwy flynedd lewyrchus arall o dan ei archdderwyddiaeth wrth iddo ddod yn fwyfwy cyfforddus yn y swydd. Ond, yn anffodus, nid oedd hynny i fod.

Pe bai wedi cael byw byddai wedi gwneud Archdderwydd go arbennig. Deallai hanfodion y swydd fel y dengys yr hanesyn hwn a gefais gan Gwyn Williams, Llanrwst. Yr oedd Gwyn a'i wraig yn aros yn yr un gwesty â Dic yn ystod Eisteddfod Caerdydd, ac un bore yr oedd ef a'i wraig a ffrindiau iddynt yn mynd i lawr yn y lifft pan ddaeth Dic a Siân a phâr o Saeson i ymuno â hwy. O glywed y Gymraeg gofynnodd y Sais i'r cwmni yn gyffredinol, 'Are you with the Eisteddfod?' Fel ergyd o wn atebodd Dic, 'We *are* the Eisteddfod.' Ni soniodd air mai ef oedd yr Archdderwydd ac ni roddodd gyfle i neb arall wneud hynny chwaith. Yn hollol fwriadol defnyddiodd y rhagenw personol lluosog 'we', a thrwy hynny gynnwys pawb arall a oedd yn y lifft ar y pryd. Gwyddai mai cynrychioli'r werin bobl oedd ei fraint a'i ddyletswydd ar y Maen Llog. Mynegwyd hyn yn ei englyn i'r Eisteddfod Genedlaethol:

> Mae i wlad ei melodedd, – ac i iaith
> Ac i gelf orfoledd,
> Mae i ŵyl ei gwin a'i medd,
> Mae i werin ei mawredd.

Gwyddai mai'r werin oedd yr Eisteddfod.

Yn anffodus, dim ond un Eisteddfod a gafodd Dic fel Archdderwydd. Ni chafodd chwaith y pleser o ymweld â gwyliau cyffelyb ein cefndryd Celtaidd. Dros y gaeaf gwaethygodd ei iechyd ac ni fedrodd fynd i'r seremoni i ddadorchuddio cofeb i Iolo Morganwg ar Fryn y Briallu ym mis Mehefin 2009, er gwaetha'r ffaith fod Cymdeithas Ceredigion wedi trefnu gwibdaith benwythnos i Lundain i'w gefnogi. Llywiwyd y seremoni yn ei absenoldeb gan y cyn-Archdderwydd Robyn Llŷn a darllenwyd cywydd o waith Dic gan Mererid Hopwood. Dyma'r pennill olaf:

Yna ar fryn draw o'r Fro
Fe gâi dir i gadeirio'n
Ei ro llwyd, a dwyn o'r llwch
I'r golwg ei ddirgelwch,
A gadael ar ael y rhiw
Uwchben friallen drilliw.

Ysgrifennwyd y cywydd ar gais Curadur yr Orsedd, John Gwilym Jones, a ofynnodd i Dic ar yr un pryd am gerdd goffa i Eluned Phillips a oedd wedi marw ychydig ynghynt yn y flwyddyn. Er gwaetha'i lesgedd, cyflawnodd Dic y ddwy dasg a dychwelodd hwy at y Cofiadur gyda thriban fel gair o eglurhad:

Dyma'r epistol parthed
Rhywbeth i gofio Luned
A phwt o gân o'm gwaith fy hun
I Robyn Llŷn ystyried.

Cyfathrebu mewn mydr ac odl neu gynghanedd a wnâi Dic tan y diwedd.

Rai wythnosau yn ddiweddarach collodd Ŵyl y Cyhoeddi
yng Nglyn Ebwy lle dychwelodd y Dirprwy Archdderwydd,
Selwyn Iolen, o lawdriniaeth go egr i gymryd yr awenau. Felly
hefyd yn Eisteddfod y Bala, wythnos a lleuad yn ddiweddarach.
Mewn ffordd ryfedd iawn yr oedd Dic, er ei fod yn absennol,
yno'n llond y lle. Y cwestiwn cyntaf ar wefusau pawb i Elsie
a minnau oedd 'Sut mae Dic?' a gellid synhwyro gofid cenedl
gyfan am gyflwr iechyd un o'i hanwyliaid ar y Maes y flwyddyn
honno. Byddai nifer fawr o feirdd yr Ymryson yn troi eu
golygon tua'r Hendre, beth bynnag fyddai'r dasg, wrth ei hateb.
Gwyliai Dic y digwyddiadau ar y teledu o'i wely yn Ysbyty
Glangwili a chafodd ei gyffwrdd gan linell Myrddin ap Dafydd,
'Mae adwy'n y cae medi'.

Daliwyd tristwch Maes y Bala wedyn gan gerdd Aled Parc
Nest:

> Dwy res wynebe annw'l,
> daw Côr Blaen-porth i'w le,
> ond roedd un bwlch yn amlwg,
> 'sdim angen gweud ymhle.
>
> Ac yn y Côr Pensiynwyr
> o blith y cwmni oll,
> yr o'dd 'na un yn ishe,
> yr o'dd 'na un ar goll.
>
> …
>
> Deallais yn Glangwili
> dy fod ar siwrne bell,
> y ward yn wag, a thithe
> mewn cyflwr gwa'th, nid gwell.

> Dychrynllyd iawn ac unig
> fydd fory'n Cymru ni,
> a'n bywyd ninne'n wacach
> heb wyrth dy lawnder di.

Ymhen wythnos, yr oeddem yn ei golli. Gwyddai fod y diwedd yn agos a gwyddai y byddai'r cyfryngau torfol yn wenfflam â'u teyrngedau pan ddeuai'r dydd; yr oedd wedi rhybuddio Siân o hynny. Erbyn wythnos yr Eisteddfod yr oedd, yn ôl ei gyfaddefiad ei hun, 'mor wan â blewyn'. Tybed felly a oedd ynddo ryw ddycnwch teyrngar a'i cadwodd rhag taflu cwmwl duach fyth dros Faes Gŵyl y Bala?

Aeth chwe blynedd a mwy heibio ers yr eisteddfod honno ac mae'r fro, y genedl, a'r teulu agos yn enwedig yn dal i ddygymod â'r golled. Ond mae'r atgofion yn aros ac erbyn hyn mae un o feini glas Caer Meini uwchben y bedd ym mynwent Blaenannerch ac arno'r geiriau canlynol:

> Dic yr Hendre,
> 1934–2009,
> Archdderwydd Cymru.

Pan dawodd, torrodd y tant …

Ar 18 Awst, yn yr Hendre, bu farw Dic Jones o gancr y
pancreas gyda chenedl gyfan yn mesur maint y golled wrth
alaru. Lledodd y newyddion trist drwy'r cyfryngau torfol a
chymdeithasol a'r noson honno yr oedd cynhyrchwyr *Heno*
ar S4C wedi aildrefnu rhaglen gyfan ar fyr rybudd a'i neilltuo
i dalu teyrnged i Dic. Cofiwyd amdano yn deilwng ar nifer o
raglenni Radio Cymru dros y dyddiau canlynol hefyd.

Yn ôl traddodiad oesol bu'r beirdd wrthi yn ei goffáu mewn
cerddi. Mae'n bosibl, er hynny, bod nifer wedi ymwrthod â'r
arfer oherwydd anferthedd y dasg. Yr oedd angen awen fawr
i wneud cyfiawnder a'r gwrthrych y tro hwn. Mynegwyd
rhwystredigaeth debyg gan Dic ei hunan mewn englyn a
gyfansoddodd yn ystod angladd Waldo. Yr oedd yr esgyll yn
hynod berthnasol yn Awst 2009:

> Pan dawodd, torrodd y tant
> Fedrai roi iddo'i haeddiant.

Mewn pennill telyn mae Philippa Gibson yn cynnig rheswm
arall dros dawelwch y beirdd. Pwy mewn gwirionedd a allai
ganu ar ôl y fath golled?

> Nid oes neb na fyn chwibanu
> Pan glyw'r eos bêr yn canu;
> Nid oes neb a'i fryd ar chwiban
> Pan â'r eos hoff yn fudan.

Er hynny, casglwyd nifer o englynion coffa teilwng ynghyd yn rhifyn Hydref 2009 o *Barddas*. Ymysg yr awduron mae Jim Parc Nest, Emrys Roberts, Ellis Roberts, Philippa Gibson, Tudur Dylan, Dai Jones, Dai Rees Davies, Ifor Baines ac Emyr Oernant. I'w cynrychioli hwy oll dyfynnaf englyn trawiadol Ceri Wyn Jones am storom Awst 2009:

> Daw, mi ddaw, fel meddai e, o rywle
> ddarn o'r haul i'r Hendre,
> er i Awst droi gwlad a thre
> yn gawodydd teyrngede.

Ymysg teyrngedau eraill *Barddas* mae erthygl gan Ceri Wyn ac un arall gan Mererid Hopwood yn y rhifyn dilynol. Er mawr siom i nifer o'r aelodau, ni chafodd Dic rifyn coffa gan *Barddas*. Ymddengys pum llun ohono yn ei wisg archdderwyddol y tu fewn i'r cloriau gyda llun o Archdderwydd arall, sef Selwyn Iolen, ar y clawr yn coroni Ceri Wyn.

Yn hyn o beth rhagorodd *Barn* ar gylchgrawn y Gymdeithas Gerdd Dafod. Fel yr esbonia Vaughan Hughes yn ei deyrnged, yr oedd rhifyn Medi ar fin mynd i'r wasg pan dorrodd y newydd am farwolaeth Dic. Ond llwyddwyd i osod llun ohono ar y clawr ac i gyhoeddi dau hir-a-thoddaid gan Peredur Lynch sy'n seiliedig ar ddau o hir-a-thoddeidiau 'Cynhaeaf' Dic:

> Tra bo dynoliaeth fe fydd hiraethu
> A phen i dalar a phoen i deulu.
> I wlad daw eiliad i ymdawelu,
> I Hendre a loriwyd daw hir alaru,
> A bydd, fel erioed y bu, – gau dorau
> Ar gnydau'r hafau a'r cynaeafu.

Ond tra bo tafod, sillaf a nodau
A rhywrai'n cywain ein llên o'r caeau,
Bydd dawn yn aros, bydd dyn a'i eiriau
A chân o'i hyngan yn drech nag angau.
Bydd huodledd, bydd awdlau – a stori
Yno ym miri y pentymhorau.

Yn ei golofn 'Cwrs y Byd' mae Vaughan Hughes yn rhoi athrylith
Dic yn ei gyd-destun daearyddol a llenyddol:

Lol yw cyfeirio at Dic fel dyn digoleg. Chafodd yr un
bardd erioed well coleg na Dic. Yn y gymdeithas honno
y dysgodd grefft cerdd dafod. Ond yn ogystal â'r grefft
yr oedd gan Dic bob amser rywbeth gwerth ei ddweud.
Grymuso'r dweud hwnnw fyddai ei feistrolaeth o'r
gynghanedd yn ei wneud, nid addurno ystrydebau.

Yn rhifyn Hydref 2009 o *Barn* mae dau o'i gyfoedion yn rhannu
eu hatgofion amdano. Y cyntaf yw Hywel Teifi Edwards sy'n
cofio am Dic yn dod i Langennech i annerch Cymdeithas y Llan
a'r Bryn a oedd newydd ei ffurfio. Ar gais Hywel bu raid iddo
weithio englyn i'r fenter newydd yn y fan a'r lle ac fe wnaeth
hynny, yng ngeiriau'r erthygl, 'mewn anadliad':

I arddel llên a thelyn – a mwynhau
Hwyl cwmnïaeth cyd-ddyn,
Fel na syrth pyrth y perthyn,
Hir barhad i'r Llan a'r Bryn.

Yr ail oedd Owen James, y ddau ohonynt wedi eu magu ar
Aelwyd Tegryn Davies yn Aber-porth, gyda'u cyfeillgarwch yn

ymestyn yn ôl i ddyddiau cynnar y Caban. Rhannent yr un
diddordebau, fel ffermwyr ac fel cantorion, ac yr oedd y ddau
yn ymhyfrydu mewn ysgrifennu penillion i dynnu coes eu
cyfeillion. Gwahoddwyd Owen ar anogaeth Dic i ymuno â thîm
talwrn Crannog pan gafodd ei ffurfio a bu'n aelod ffyddlon o'r
garfan am dros chwarter canrif. Owen oedd yn gyfrifol am y
delyneg ganlynol a gyfansoddwyd ychydig ar ôl colli Dic pan
oedd clwyfau'r golled ar agor. 'Blas' oedd y testun ond Dic
ydyw'r gwrthrych:

> Ymunai gyda'i deulu
> Yn dawel wrth y bwrdd,
> Y clefyd yn ei fwyta
> A'i swper heb ei gwrdd,
>
> Gan chwennych yn ei wendid,
> Yn gaeth i wres y tŷ,
> Am dracht o surni'r enwyn
> O laethdy 'slawer dy'.

Pan aeth Owen i ymweld â Dic yn ystod y misoedd olaf aeth
â photelaid o laeth enwyn yn offrwm i'r claf. Yr oedd wedi
synhwyro dyhead Dic yn ei wendid am flas o'i ieuenctid.

Cofiwyd amdano yn yr iaith Saesneg hefyd. Yr oedd yn
bersonoliaeth ddigon pwysig i hawlio teyrngedau swyddogol
yn y papurau trymion Saesneg, fel *The Guardian*, *The Daily
Telegraph* a *The Independent*. Mae'n dda weithiau fod gennym
gofianwyr fel Meic Stephens a'i debyg i atgoffa'r meddylfryd
Llundeinig fod diwylliant brodorol yn parhau i ffynnu i'r
gorllewin o'r Gelli Gandryll. Wele Meic Stephens yn *The
Independent*:

… he was heir to a centuries-old tradition as
sophisticated as, say, that of the Jocs Florals in
Provence or the poetry of the great makars of
Scotland such as Dunbar and Henryson. Technical
virtuosity may be at its heart but it also has room for a
world-view that is as much intellectual as it is lyrical.

Tila a chwta mewn cymhariaeth a fu'r sylw a gafodd gan ein
papur cenedlaethol ein hunain, y *Western Mail*.

Mae'n draddodiad ar y *Talwrn* fod timau sydd wedi colli
aelod yn cofio amdano neu amdani yn yr ornest ddilynol.
Pan gyrhaeddodd tasgau Crannog ar gyfer rownd gyntaf
2009–10 rhaid oedd mynd ati i wneud y gorau o'r gwaethaf gan
wybod na fedrem fyth wneud cyfiawnder â'r dasg amhosibl
a'n hwynebai. Noson o un yn eisiau oedd honno yn nhafarn
y Ship gyda'r gadair wag o gylch y bwrdd yn symbol poenus o
amddifadrwydd y pump ohonom. 'Cysur' oedd testun y delyneg
a theimlem mai'r dasg honno a roddai'r cyfle gorau inni i fynd
i'r afael â'n dyletswydd. A dyma hi:

> Tra bo amaethwyr yn y perci'n hau
> bydd hen wanwynau mud yn adfywhau,
>
> ym mro Blaen-porth bydd melodïau môr
> y trai a'r llanw eto'n chwyddo'n gôr,
>
> bydd yno ddarn o'i fiwsig ef ei hun
> i'w glywed yn y sgwrs rhwng dyn a dyn
>
> a'r rhai ar ôl gaiff drafod gylch y bwrdd
> yn sŵn y gân nad ydyw'n mynd i ffwrdd.

Bu Gerallt, a oedd o dan dipyn o deimlad ei hunan, yn ddigon hael gyda'i sylwadau a'i farciau, ond gwyddai ef a ninnau fod yr un a allai fod wedi ychwanegu yn sylweddol at yr alaw bellach yn fud.

Bu raid i'r Eisteddfod Genedlaethol aros tan 2010 yng Nglyn Ebwy cyn cael cyfle i dalu ei theyrnged swyddogol i'w chyn-Archdderwydd. Yn yr ŵyl honno trefnwyd bod bore Mercher yn y Babell Lên yn cael ei neilltuo i'r pwrpas a gwahoddwyd y teulu i fod yn bresennol. Yn y cyfarfod agoriadol bu dau o'i gyfeillion, Aled Parc Nest a Ceri Wyn, yn rhannu eu hatgofion amdano. Wedyn, traddodwyd Darlith Lenyddol Eisteddfod Genedlaethol Blaenau Gwent gan yr Athro Peredur Lynch. Ei deitl oedd 'Dic Jones a'r Traddodiad Mawl'. Yn ddifyr ac yn ysgolheigaidd gwelodd Dic fel un o bennaf cynheiliaid traddodiad canu mawl Beirdd yr Uchelwyr yn y Gymru gyfoes. Fel bardd gwlad gwasanaethodd bobl ei gymdeithas yn eu llawenydd a'u tristwch. Ac onid Mawl, yn ystyr llawnaf y gair, yw sail ei gerddi mawr? Noda Peredur Lynch wrth ystyried 'Cynhaeaf' a 'Gwanwyn':

> Yn y ddwy awdl fel ei gilydd y mae'r bywyd amaethyddol, er ei holl anawsterau, yn drosiad o fyw gwâr ac ystyrlon mewn cytgord â phridd y ddaear a threfn y greadigaeth. Oes, y mae yma fawl i'r gymdeithas amaethyddol ar un ystyr. Ond ymhellach na hynny mae yma hefyd fawl mwy sylfaenol i fywyd yn ei holl gyfanrwydd.

Yn rhyfedd iawn, mae'r cysyniad o Fawl wedi hen ddiflannu, fel ei Hymerodraeth, o farddoniaeth Lloegr, a bu raid i'r Athro dysgedig deithio i diriogaeth rhai o lwythau brodorol De Affrica cyn darganfod ffenomenon gyffelyb yn y byd modern.

Cyhoeddwyd y ddarlith mewn pamffledyn bychan sy'n ychwanegiad gwerthfawr i unrhyw drafodaeth ar gyfraniad Dic. Byddai'n braf yng nghyflawnder yr amser gweld y damcaniaethau hyn yn cael eu hymestyn yn gyfrol a fyddai'n deilwng o ddawn y gwrthrych. Mae Dic yn haeddu cofiant llenyddol swmpus gan academydd a fyddai'n medru ei osod yn ei gyd-destun byd-eang.

Dylid cofio fod yr Eisteddfod wedi anrhydeddu Dic pan oedd yn anterth ei nerth. Yn 1993 yn Llanelwedd trefnodd Cymdeithas Barddas, er mawr glod iddi, gyfarfod i fawrygu un o'i haelodau blaenaf lle bu T. Llew Jones a Myrddin ap Dafydd yn difyrru a diwyllio Pabell Lên orlawn gyda'u hatgofion cyfoethog amdano. Comisiynwyd Tudur Dylan i gyfansoddi cywydd mawl i Dic. Darllenodd y bardd ifanc ei gywydd i'r gynulleidfa ar ôl iddo ofyn yn wylaidd i Dic am ganiatâd i'w alw yn 'ti', yn hytrach na 'chi', am y prynhawn hwnnw. Dyma'r tri phennill olaf lle mae'n defnyddio hen gonfensiwn cywyddwyr yr oesoedd canol wrth gyfarch y gwrthrych yn yr ail berson unigol:

Wyt gerdd y diwylliant gwâr,
Wyt heulwen ar ben talar,
Wyt farddoniaeth amaethu,
Wyt saer gyda'r perta' sy',
Wyt a'r ddawn i'm treiddio i
â gair sydd yn rhagori.

Wyt wanwyn o haul tyner,
Wyt atgo' maith, wyt gymêr.

> Wyt enw mawr, wyt un o'n mysg,
> Wyt wên hawdd, wyt ein haddysg.
> Wyt frenin a gwerinwr,
> Y doniau i gyd yn un gŵr.

> Wyt y gallu, wyt gellwair,
> Wyt chwerthin gwerin y gair,
> Wyt wers yn fy mhrifiant i,
> Wyt oludog i'm tlodi.
> Wyt fy awen, wyt fywyd,
> Wyt Bethe'r Hendre o hyd.

Ddwy flynedd yn ddiweddarach, mewn cyfarfod dathlu ym Mhencader, yr oedd Dic yn ad-dalu'r gymwynas trwy longyfarch Tudur Dylan ar ennill y Gadair genedlaethol yr Awst hwnnw. Yn yr un modd cyferchir y bardd yn yr ail berson unigol:

> Wyt o egin dy linach,
> Crych dy ben fel Ceirch Du Bach
> Yn agor eto'i lygad
> O'i stôr i arlwyo'r wlad.

Yr oedd y ddelwedd yn gweddu i'r dim i'r Dylan byrgoes, gwydn, ac fel y Ceirch Du Bach briga'n naturiol allan o'r berthynas glòs sy'n dal i fodoli rhwng ffermydd a phlant Tan-yr-eglwys a Pharc Nest.

Teimlodd Donald Evans y golled ac aeth ati i gofio Dic mewn dull gwahanol. Nid marwnadu'n uniongyrchol a wnaeth, ond canu cân y Fam Ddaear gan ei bod hithau wedi colli un o'i meibion agosaf. Mae'n awdl fyfyrgar sy'n treiddio'n ddwfn i athroniaeth Dic ynglŷn â'r grymoedd mawr sy'n cynnal y greadigaeth. Mae perthynas Dic a Donald yn mynd yn ôl ymhell gyda'r ddau yn hanu o gorneli gwahanol o'r un gymdogaeth, a bu'r ddau yn eu prifiant yn addysgu eu hunain yng nghwmni Alun Cilie, T. Llew Jones a'r Capten Jac Alun yn y Pentre Arms. Ymunodd y ddau ohonynt â Chymdeithas Ceredigion a sefydlwyd tua'r un adeg a buont yn cystadlu yn erbyn ei gilydd yn eisteddfodau bach a mawr chwedegau a saithdegau'r ganrif ddiwethaf. Ar ben hynny, yr oedd rhyfeddodau byd natur o'u cwmpas a threigl y tymhorau yn ffynhonnell gyson o ysbrydoliaeth i'r ddau ohonynt.

Ond yr oedd apêl a dylanwad Dic yn ymestyn tu hwnt i'w gyfoedion. Ni chafodd Gruffudd Antur y fraint o gyfarfod â Dic yn bersonol, ond daeth i'w adnabod a'i edmygu drwy'r cerddi. Yn 2010 ymwelodd â'r Hendre a bu'n cerdded y llwybr barddoniaeth gan flasu'r awyrgylch. Ym mis Awst y flwyddyn honno cafodd teulu'r Hendre lythyr oddi wrtho ynghyd â chywydd i goffáu blwyddyn ers colli Dic. Mae'n amlwg fod y bardd ifanc, nad oedd namyn plentyn ysgol ar y pryd, wedi ei drwytho'i hunan yng ngwaith Dic o ran mater, disgleirdeb crefft ac athroniaeth. Er bod y galon yn drom, gwêl yntau'r 'darn or haul draw yn rhywle':

> Storom Awst, er ymestyn
> dy amdo o wae am y dyn,
> ni all yr heth ddryllio'r ŷd
> nac oeri berw'r gweryd
> am fod, yn rhyndod y rhos,
> wanwyn ir yno'n aros.

Ni allai Dic ei hun fod wedi rhagori ar y mynegiant. I orffen, mae Gruffudd Antur yn hyderu y bydd y to ifanc o feirdd sydd o dan eu deg ar hugain yn parhau i fedi cynhaeaf toreithiog yr awen Gymraeg:

> I'th olyniaeth eleni,
> dy gân yw'n cynhaea' ni,
> a thrwy hyn, gwêl brigyn brau
> fwynder haf o'n hydrefau.

Mae'n amlwg fod cylch y rhod yn dal i droi.

Bardd arall sy'n cofio Dic yw Aneirin Karadog. Treuliodd benwythnos yn un o dipis yr Hendre yn Ebrill 2009 pan oedd iechyd Dic yn dirywio. Bryd y criw ifanc oedd dianc dros dro o bwysau'r byd modern er mwyn cael cyfle, yng ngeiriau'r gerdd, 'fel *designer hippies*' i fod yn nes at natur. Yn ystod yr arhosiad bu Dic yn yr ardd gyferbyn â'r tipis yn ceibio am lysiau ar gyfer y pryd nesaf. O'i weld sylweddolodd Aneirin ei fod yn edrych ar ŵr a dreuliodd oes mewn cymundeb â grymoedd cyntefig y pridd. Sylweddolodd ei fod yn edrych ar berffeithydd wrth ei waith, boed hwnnw yn drin gardd neu drin gair:

> Dest i dendio ar dy lysiau
> a'th gynhaeaf olaf wedi bod.
> Roedd olion yr aredig ar dy ruddiau
> a nerth dy eiriau yn dy ddwylo
> wrth i dy gorff gynganeddu ei ffordd
> ar draws y buarth.

Fe'th wyliais di'n chwynnu'r pridd
o gylch dy 'sgewyll, yn gadael dim
amherffeithrwydd, fel taset yn gofalu fod
sillaf olaf hir-a-thoddaid yn ei lle.

Anfonwyd y gerdd gyfan yn rhan o gasgliad ehangach i
gystadleuaeth y Goron yn Eisteddfod 2015 ac enillodd
y cyfanwaith glod y tri beirniad. Yn yr un Eisteddfod yr
oedd soned er cof am Dic gan rywun yn dwyn y ffugenw
arwyddocaol 'a'r hen frain'. Yn ôl y beirniad, Dafydd John
Pritchard, mae'r awdur 'yn grefftwr penigamp'. Mae'n amlwg
felly, chwe blynedd ar ôl ei golli, fod y beirdd yn dal o dan
ddylanwad Dic.

Yn briodol iawn, cafodd y beirdd sy'n ymarfer eu crefft
drwy gyfrwng pren a metel a gwydr yr un hwyl wrth gofio'r
pencampwr geiriau. Penderfynodd aelodau tîm Crannog y
dylid anrhydeddu Dic ar y *Talwrn* drwy gyflwyno tlws sialens
yn dwyn ei enw a fyddai'n cael ei ddyfarnu'n flynyddol i awdur
cywydd gorau'r gyfres. Byddai'n cyfateb i dlws Cledwyn
Roberts a roddir am y delyneg orau ym marn y meuryn yn
ystod y flwyddyn.

Ymddiriedwyd y dasg i Wynmor Owen, yr arlunydd a'r
cerfiwr sy'n enedigol o Langrannog, ond sydd bellach wedi
treulio'r rhan fwyaf o'i oes ym mhentre Trefdraeth ar arfordir
Penfro. Fel un o edmygwyr pennaf barddoniaeth Dic yr
oedd Wynmor yn ymwybodol o sialens y dasg a'i hwynebai.
Aeth ati o ddifrif a chawsom dlws ganddo a oedd tu hwnt
i'n disgwyliadau. Nid yw Dic ynddo yn y cnawd, ond mae ei
bresenoldeb yno. Mae wedi gadael maes ei lafur, ond mae ei gap
stabal yn gorwedd ar y llawr a'r bicwarch yn pwyso ar bostyn

yn barod iddo ddychwelyd atynt ar ôl cael hoe fach neu sgwrs dros glawdd ffin gyda chymydog. Mae'n waith celf sy'n gadael lle i'r dychymyg. Lluniwyd y cyfan o ddeunydd lleol megis darnau o bren a phostion ffens hynafol o ardal Carn Ingli. Yr oedd hyn yn gweddu i'r dim gan fod Dic, fel Wynmor ei hunan, yn darganfod ei ddeunydd crai o fewn milltir sgwâr ei adnabyddiaeth. Bardd ifanc, Aaron Pritchard, o Gynwyl Elfed, sydd bellach yn aelod o dîm Aberhafren yn y brifddinas, oedd yr enillydd cyntaf. Yr oedd wrth ei fodd yn derbyn gwaith celf mor arbennig ac yr oedd y ffaith fod enw Dic ynghlwm ag ef yn ychwanegu at yr anrhydedd.

Fel y dywedwyd eisoes, enillodd Dic Gadair yr Urdd ar bum achlysur ac yr oedd yn awyddus i gydnabod ei ddyled i'r mudiad a'i meithrinodd. Yr oedd Eisteddfod yr Urdd yn ymweld â Cheredigion yn 2010 a phenderfynodd Dic a Siân y byddai'n gyfle priodol i gyflwyno'r Gadair ar gyfer yr ŵyl yn Llannerch Aeron. Ymddiriedwyd y dasg o gynllunio'r Gadair i Glan Rees a fagwyd – fel Dic – ar Aelwyd y Parchedig a Mrs Tegryn Davies. Bu'r ddau yn canu yn yr un côr ac yn rhan o'r hwyl a'r sbri a fyddai'n llenwi'r oriau rhwng rhagbrawf a llwyfan. Yng nghyfnod Glan, yr oedd Dic ychydig yn hŷn na'r mwyafrif a byddai Tegryn yn gofyn i Dic, neu Richard, fel y'i galwai, fod yn gyfrifol am y plant crynion ifanc. Fel y cofia Glan yn dda, y Richard hwnnw, ar ôl i'r Parchedig droi ei gefn, a fyddai'n arwain y cwmni ar gyfeiliorn, a'r un Richard a fyddai'n sicrhau fod pob un ohonynt ar ei orau glas pan ddeuai'n amser i gamu i'r llwyfan. Yr oedd yn arweinydd wrth reddf – ac yn enillydd hefyd.

Mae Glan, a fu yn bennaeth Ysgol Bro Ingli, yn grefftwr penigamp. Yr oedd erbyn hynny yn cydganu unwaith eto

gyda Dic yng Nghôr Blaen-porth ac yng Nghôr Pensiynwyr
Aberteifi o dan arweiniad Margaret, chwaer Dic. Yr oedd yn
ddewis amlwg ar gyfer y gwaith a bu raid iddo, o barch i Dic
a Margaret, dderbyn y sialens. Ym Mehefin 2009 treuliodd
brynhawn bythgofiadwy gyda Dic a Siân yn yr Hendre yn
gwyntyllu syniadau am gynllun y Gadair ac er ei bod yn amlwg
i Glan fod cyflwr iechyd corfforol Dic yn go fregus, yr oedd ei
feddwl mor glir ag erioed.

Dymuniad Dic oedd gweld cadair ymarferol, fodern o onnen
golau y gellid ei defnyddio ar dalcen y ford fwyd pe bai angen.
Nid oedd trimins i fod a chafodd Glan orchymyn pendant gan
Dic i ofalu bod arwyddocâd i bopeth a fyddai arni. Symlrwydd
oedd y nod drwy'r amser, symlrwydd a fyddai, heb yn wybod
iddo, yn adlewyrchu personoliaeth ddiymhongar Dic ei hunan.
Yng nghefn y gadair penderfynwyd cael ffenestr a fyddai,
yng ngeiriau Dic, 'yn edrych mas i'r dyfodol'. Ffenestr storws
yr Hendre oedd hon i'r cynllunydd. Trwyddi gwelodd y tir
amaethyddol ffrwythlon, amlinelliad o bentir Aber-porth yn
y pellter a'r môr tragwyddol yn fframio'r cyfan. Mae'r Marian,
cartref y Parchedig a Mrs Tegryn Davies, i'w weld hefyd, o
barch i'r ddau arweinydd. Yn y blaendir ceir un dywysen
yn plygu ei phen yn wylaidd i gyfeiriad yr egin newydd, sef
prifeirdd ifanc eisteddfodau'r dyfodol.

Ymddengys y dywysen yn nhrilliw'r Urdd i gynrychioli
Cymru, cyd-ddyn a Christ gyda'r ddeilen yn wyrdd, y goes
yn goch a'r had yn wyn. Mae'n waith celf sydd yn procio'r
dychymyg. Rhydd Glan bob rhyddid i'r unigolyn benderfynu
yn ôl ei fympwy ar arwyddocâd yr adar a welir drwy'r ffenestr.
Ai gwylanod yn dychwelyd i Ben Cribach adre â bwyd i'w rhai
bach, neu ai'r hen frain fry ar y rhos yn aros am eu hawr ydynt?

Ai Adar Rhiannon y Mabinogion neu adar angau ein dyddiau ni? Dirgelwch arall yw'r galon a ymffurfiodd yn y pren yn ystod y broses greu. Bu'n ymddangos a diflannu wrth i'r pren gael ei drin, ond daliai yno i'r llygad a wyddai ble i edrych. Fel y dywedodd Glan, mae'n rhyfedd beth all ddigwydd pan fo'r pren ei hunan yn mynnu dweud ei stori.

Ni welai Dic fod angen geiriau ar y gadair; gwell ganddo fyddai gadael i'r coed siarad. Er hynny teimlai Glan fod eisiau gosod stamp Dic arni, ac ar ôl hir berswâd cafodd ganiatâd ganddo i ychwanegu'r cwpled canlynol o awdl fuddugol Llanbedr Pont Steffan:

A wêl y gamp geilw i go'
Swyn y gymdeithas honno.

Dic a'i dewisodd yn y diwedd, ac mae'n Ianws o gwpled. Mae'n edrych yn ôl yn hiraethus at wychder y gorffennol, ac ar yr un pryd mae'n rhoi sialens i'r genhedlaeth ifanc i anfarwoli eu gweledigaeth hwy mewn celf a chân wrth gamu ymlaen yn hyderus tua'r dyfodol.

Er i Dic gael dewis y pren a bod yn rhan o'r cynllun gwreiddiol, ni chafodd fyw i weld y gwaith gorffenedig. Erys y gadair yn goffa teilwng i'w athrylith a byddai'n falch o wybod fod yr enillydd, Llŷr Gwyn Lewis, yn ymwybodol o'r gwerthoedd a gynrychiolir ynddi ac yn abl i ateb yr her wrth iddo yntau edrych allan drwy ffenestr ei awen tua'r dyfodol.

Yr oedd gan Dic nifer o gyfeillion yn yr ardal a ddymunai fod yn rhan o'r cofio. Daeth cynrychiolaeth o gorau Blaen-porth a Phensiynwyr Aberteifi yn ogystal â Chymdeithas Ceredigion ynghyd i drafod y mater a chan fod yno gantorion a phrydyddion yn bresennol, penderfynwyd noddi dau dlws ar y cyd er cof amdano, un i enillydd yr englyn cenedlaethol a'r llall i'r arweinydd côr gorau yn yr Ŵyl Gerdd Dant.

Glan Rees, unwaith eto, a gafodd y dasg o wneud tlws yr englynwr cenedlaethol. Lluniodd ef ar siâp adfail hen storws lle byddai, yn y dyddiau gynt, feirdd fel bechgyn y Cilie, Dic a Tydfor yn cymdeithasu ar ddiwrnod gwlyb ac yn naddu eu henglynion yn y pren. Mewn llawer ffordd mae'r tlws yn dynodi diwedd cyfnod wrth i'r storws a'r bardd gwlad ddiflannu o'r tirlun. Ar y to cerfiwyd englyn o waith Dic a dderbyniodd Glan oddi wrtho ar ei ymddeoliad fel prifathro:

> Pan dry, ar adeg segur, – dy olwg
> Dros dalar dy lafur,
> Dy gnwd di ac nid dy hur
> Sy'n dy faes yn dy fesur.

Ar hyd yr ochrau, yn ôl hen arfer cefn gwlad, cerfiwyd set o briflythrennau enwau aelodau teulu Tan-yr-eglwys ac un arall o deulu'r Hendre. Defnyddiwyd dau ddull gwahnaol er mwyn adlewyrchu'r gwahanol gyfnodau gyda'r genhedlaeth hŷn mewn llythrennau *copperplate*.

Ceir yma ffenestr liw o waith Rosemary McMullen o Abertawe, sydd yn edrych allan ar bentir Aber-porth a'r môr gyda phedair ton yn cynrychioli pedair llinell englyn. Y gobaith yw y bydd y weledigaeth a'r awen yn dal i dorri fel llanw cyson ar ddraethau'r Gymraeg. Darparwyd storfa dan-llawr gyda'r gwahoddiad i bob enillydd ysgrifennu ei englyn ar ddarn o bapur gan nodi'r flwyddyn a'r testun cyn ei rowlio fel papur sigarét a'i wthio i'r llawr gwaelod. Mae'n datblygu'r hen syniad fod y storws yn lle addas i storio cnwd yr englynion.

Hywel Bowen ac Ifan Jones, dau grefftwr lleol a dau aelod o Gôr Blaen-porth, a gynlluniodd y tlws arall ac ni chawsom ein siomi. Yr oedd Dic yn dal i'w hysbrydoli ac yr oeddent yn falch o'r cyfle i gael creu darn o gelfyddyd er cof amdano. Mae'n addas iawn fod y tlws wedi cael ei gyflwyno i'r Ŵyl Gerdd Dant o gofio mai trwy'r grefft honno y daeth Dic i gysylltiad â'r gynghanedd gyntaf. Byddai Dic yn hoff o ddweud fod ein bywydau ni oll yn troi mewn cylchoedd. Lluniwyd y tlws ar siâp telyn o fewn hanner cylchoedd a cherfiwyd cwpled o waith Dic yn y pren:

> Y mae tannau mud heno
> Yn canu cainc yn y co'.

Codwyd y cwpled o englyn Dic i gyfarch ei ffrind oesol, Iwan, a'i wraig Beryl, ar achlysur eu priodas arian. Yr oedd Iwan wedi canu gyda Dic yn y ddau gôr ac yr oedd yn aelod o'r pwyllgor a fu'n trefnu'r tlysau, gan gyfannu cylch arall. Yr oedd yn briodol iawn fod y tlws yn cael ei gyflwyno i'r arweinydd gorau gan greu cylch arall eto sy'n mynd â ni yn ôl heibio Margaret Daniel a Wyn Lewis at Abba ei hunan.

Erbyn hyn mae Cadair arall yn cael ei chreu. A hithau'n hanner canrif ers buddugoliaeth Aberafan, dymuniad teulu'r Hendre oedd cyflwyno'r Gadair yn Eisteddfod Genedlaethol Sir Fynwy a'r Cyffiniau 2016 a chomisiynwyd Emyr Garnon James, athro gwaith coed yn Ysgol Uwchradd Aberteifi, i'w chynllunio. Nid oes ond gobeithio y cawn gynhaeaf teilwng o awdlau yno; byddwn yn dychmygu y byddai'n symbyliad ychwanegol i unrhyw fardd i ennill y gadair hon gan fod enw Dic ynghlwm wrthi.

Erys un deyrnged arall i sôn amdani, sef cywydd Gerallt er
cof am Dic. Mae iddo le anrhydeddus ymhlith ei farwnadau
mawr eraill, fel y rhai i Bedwyr, Rhydderch, ei dad a Chled. Yr
oedd y grefft a'r gelfyddyd yn uno Dic a Gerallt er bod y ddau o
ran bydolwg yn cynrychioli pegynau gwahanol. Gweld y 'darn
o'r haul draw yn rhywle' a wnâi un tra denid y llall at y 'lleuad
llygadwyn, mor oer â'r marw ei hun'. Yr oedd edmygedd y naill
at y llall, ynghyd â'r blynyddoedd a dreuliwyd yn cyd-dalyrna,
wedi tynnu'r ddau at ei gilydd ym mhethe'r awen.

Y tro olaf iddynt gyfarfod oedd mewn talwrn arbennig
a gynhaliwyd yng Nghaffi'r Emlyn, Tan-y-groes, i ddathlu
milfed rhaglen y gyfres. Dechrau haf 2009 oedd hi ac yr oedd
iechyd Dic yn fregus erbyn hynny. Daeth yno yn ei wendid, o
ran dyletswydd, i ddweud ei ddarn o flaen y meic cyn diflannu
am adref yn syth ar ôl y recordio. Yr oedd Myrddin ap Dafydd
yn rhan o'r rhaglen ac mae'n dal i gofio sylwi ar Dic a Gerallt,
yn hollol wahanol i'r arfer, yn ysgwyd llaw. Bu'r ddau, wrth
gydio dwylo, yn edrych i lygaid ei gilydd am hydoedd ac, er
na lefarwyd gair rhyngddynt, yr oedd y ddau yn deall i'r dim
arwyddocâd yr hyn nas dywedwyd. Iddynt hwy nid oedd neb
arall yn yr ystafell dros yr eiliadau hynny. Dyma'r berthynas a
ddisgrifiwyd gan Gerallt yn y cywydd:

Y mae i bawb gwlwm bod
na ŵyr neb er ei 'nabod;
rhyw ddeall llwyr, rhyw ddal llaw,
gafaelyd sy'n gyfalaw
rhwng deuddyn o'r un anian
a'r ddau yn cwrdd yn eu cân.

Gwyddwn, cyn ei gyhoeddi,
ddyfod o'r awr, dy awr di,
awr dy fynd ar hyd fy ael,
cyfaill yn llacio'i afael
yng nglas y machlud iasoer,
yr holl le'n wag a'r llaw'n oer.

Mae'r cywydd yn dechrau gyda'r llinell 'Y mae Duw yn siomi dyn'. Dyma'r Gerallt yr ydym yn gyfarwydd ag ef, y Gerallt a oedd yn rhegi'r Duw caled a oedd wedi dwyn Cled oddi wrth ei deulu a'i gyfeillion. Ond i gloi'r cywydd trowyd y llinell agoriadol ar ei phen o ran cynghanedd a syniadaeth. Erbyn hynny, 'y mae dyn yn siomi Duw' yw hi wrth i Gerallt, ar ôl ei golli, wisgo mantell optimistaidd Dic. Yn y tri phennill olaf mae'n edrych dros ben y fynwent tua'r haul sy'n dal i godi tu hwnt i fedd yr unigolyn:

Ond, Dic, rwy'n dy glywed di
heno eto'n ei dweud hi
am nad af â'r hen afiaith,
am nad hyn yw terfyn taith.
Os anorfod darfod dyn,
gair, o'i ddweud, a gerdd wedyn.

Ni thau awen o'i thewi,
mae erioed i'w marw hi.
Hi yw ein dweud yn ein dydd,
hi yw 'fory'n lleferydd.
Bywyd yw, er pob diwedd,
hi yw ein byw yn y bedd.

Yn ei gwae ac yn ei gwên
tragywydd y trig awen.
Fel hyn y bu filiynwaith,
pery hyn tra pery iaith
a'i dwed, ac onid ydyw
y mae dyn yn siomi Duw.

Daw hyn â ni yn ôl i fynwent Blaenannerch ac at fedd Dic. Ar y garreg cerfiwyd cwpled o'i waith i gofio am y bardd, y cerddor a'r cyfaill:

Mae alaw pan ddistawo
Yn mynnu canu'n y co.

Carwn ddiolch o galon

- i deulu'r Hendre ac i Wasg Gomer am y gwahoddiad i lunio'r gyfrol

- i bawb a fu mor barod i rannu eu hatgofion gyda mi

- i Elinor Wyn Reynolds a Huw Meirion Edwards am daflu llygad manwl dros y proflenni.